Werner Siepe

Dr. Friedmar Fischer

IHR WEG ZU MEHR BETRIEBS- UND ZUSATZRENTE

M&E Books Verlag

Köln

IHR WEG ZU MEHR BETRIEBS- UND ZUSATZRENTE
Werner Siepe / Dr. Friedmar Fischer
ISBN 978-3-947201-17-4 (Taschenbuch)
ISBN 978-3-947201-18-1 (Gebundene Ausgabe)
1. Auflage 2017
© 2017 by M&E Books Verlag GmbH, Köln

M&E Books Verlag GmbH
Thywissenstraße 2
51065 Köln
Telefon 0221 – 9865 6223
Telefax 0221 – 5609 0953
www.me-books.de
info@me-books.de
Steuer-Nr: 218/5725/1344
USt.-IdNr.: DE310782725
Geschäftsführer: Vu Dinh

Die Deutsche Nationalbibliothek verzeichnet diese Publikation in der Deutschen Nationalbibliographie. Detaillierte bibliographische Daten sind im Internet über http://dnb.de abrufbar.

VORWORT

Mehr Betriebs- oder Zusatzrente – welcher Arbeitnehmer möchte das nicht? Seit Jahren wird darüber geklagt, dass nur knapp jeder zweite Arbeitnehmer in der Privatwirtschaft Anwartschaften auf eine Betriebsrente besitzt. Erst wenn man die in der Zusatzversorgung pflichtversicherten Angestellten im öffentlichen und kirchlichen Dienst hinzuzählt, kommt man auf knapp 60 Prozent der Arbeitnehmer mit Ansprüchen auf eine künftige Betriebs- oder Zusatzrente.

Betriebliche Altersversorgung und Zusatzversorgung gehören beide zur zweiten Säule der Altersvorsorge. Wenn diese zweite Säule gestärkt wird, gilt dies dann sowohl für die Betriebsrente in der Privatwirtschaft als auch die Zusatzrente im öffentlichen und kirchlichen Dienst.

Laut Alterssicherungsbericht 2016 der Bundesregierung gab es Ende 2015 insgesamt 17,7 Mio. sozialversicherungspflichtig Beschäftigte mit Anwartschaften auf eine Betriebs- und Zusatzrente, davon 12,3 Mio. mit künftiger Betriebsrente und 5,4 Mio. mit künftiger Zusatzrente. Da die betriebliche Altersversorgung freiwillig ist, haben bisher nur 48 Prozent der in der Privatwirtschaft sozialversicherungspflichtig beschäftigten Arbeitnehmer einen Anspruch auf Betriebsrente erworben. Anders sieht dies bei der Zusatzversorgung als Pflichtversicherung aus. Dort besitzt jeder Angestellte im öffentlichen und kirchlichen Dienst einen Anspruch auf Zusatzrente.

Das Buch "Ihr Weg zur mehr Betriebs- und Zusatzrente" rückt die Zahlen zurecht und trägt damit auch zu mehr Klarheit in der öffentlichen Diskussion über die zweite Säule der Altersvorsorge bei. Man kann schließlich nicht über 5 Mio. Angestellte im öffentlichen und kirchlichen Dienst mit Ansprüchen auf eine Zusatzrente zahlenmäßig einfach unter den Tisch fallen lassen.

In diesem Praxis-Ratgeber gehen wir in den Kapiteln 2 und 3 zunächst auf die Betriebsrente aus Entgeltumwandlung und die betriebliche Riester-Rente ein. Beide sollen ab 2018 durch die neue Betriebsrente attraktiver werden. Dazu zählen der bei Neuabschlüssen verpflichtende Arbeitgeberzuschuss von 15 Prozent bei der Entgeltumwandlung und der Wegfall von Beiträgen zur gesetzlichen Kranken- und Pflegeversicherung bei der betrieblichen Riester-Rente. Allerdings gibt es bei der neuen Betriebsrente keine Garantien mehr, sondern nur noch unverbindliche Zielrenten.

Die in Kapitel 4 dargestellte Zusatzrente im öffentlichen und kirchlichen Dienst wird für vor 2002 eingestellte Arbeitnehmer mit einer längeren Ausbildung ebenfalls attraktiver, sofern sie einen Zuschlag zu ihrer bisherigen Startgutschrift erhalten. Dies stellt die Tarifeinigung vom 8.6.2017 sicher. Darüber hinaus soll das Leistungsniveau bei der ab 2002 eingeführten Punkterente zumindest bis Ende 2024 nicht angetastet werden. Die beitragsorientierte Leistungszusage bleibt somit in der Zusatzversorgung des öffentlichen und kirchlichen Dienstes weiterhin bestehen.

Wählen Sie unter den in diesem Buch aufgezeigten Wegen zu mehr Betriebs- und Zusatzrente den Weg aus, der für Sie am besten geeignet ist! Über den richtigen Weg kommen Sie garantiert zu mehr Betriebs- oder Zusatzrente.

Wenn Sie Fragen haben, nehmen Sie bitte Kontakt mit uns auf über die E-Mail-Adressen werner.siepe@me-books.de (Fragen zur Betriebsrente) oder friedmar.fischer@me-books.de (Fragen zur Zusatzrente).

Werner Siepe   *Dr. Friedmar Fischer*

INHALTSVERZEICHNIS

ABBILDUNGSVERZEICHNIS

TABELLENVERZEICHNIS

1. RÜCK- UND AUSBLICK AUF BETRIEBS- UND ZUSATZRENTE

Nur 12,3 Millionen und damit weniger als die Hälfte aller Beschäftigten in der Privatwirtschaft hatten Ende 2015 Anwartschaften auf eine Betriebsrente. Dies soll sich mit dem ab 2018 geltenden Gesetz zur Stärkung der Betriebsrente ändern. Insbesondere Gering- und Durchschnittsverdiener in Klein- und Mittelbetrieben sollen mehr zur betrieblichen Altersvorsorge motiviert werden.

Die 5,4 Millionen Angestellten im öffentlichen und kirchlichen Dienst haben es da besser. Sie sind pflichtversichert in der Zusatzversorgung und haben somit alle einen Anspruch auf Zusatzrente, sofern sie auf mindestens fünf Pflichtversicherungsjahre kommen.

1.1. RÜCKBLICK AUF 15 JAHRE BETRIEBS- UND ZUSATZRENTE 2002-2017

Die betriebliche Altersversorgung bietet allen sozialversicherungspflichtigen Arbeitnehmern die Möglichkeit, die gesetzliche Rente (1. Säule der Altersvorsorge) um eine Betriebs- und Zusatzrente (2. Säule der Altersvorsorge) zu ergänzen. Gesetzliche Rente sowie Betriebs- und Zusatzrente machen dann zusammen mit einer Privatrente (3. Säule der Altersvorsorge) die Gesamtversorgung im Alter aus.

Abbildung 1: Drei Säulen der Altersvorsorge

Sicherungsfunktion	Angestellte und Arbeiter		Beamte, Richter, Berufssoldaten usw.
	Privat- wirtschaft	Öffentlicher Dienst	
Regelsicherung 1. Säule	Renten aus der gesetzlichen Rentenversicherung		
Zusatzsicherung 2. Säule	Betriebs- rente	Zusatz- versorgung öff. Dienst	Beamtenversorgung
Private Altersvorsorge 3. Säule	eigenverantwortliche Altersvorsorge (z.B. Riester-Rente oder Rürup-Rente)		

Quelle: frei nach Alterssicherungsbericht 2016[1] der Bundesregierung

Sowohl die betriebliche Altersversorgung (bAV) in der Privatwirtschaft als auch die Zusatzversorgung im öffentlichen Dienst (ZÖD) stellen eindeutig die zweite Säule der Altersvorsorge und damit eine Zusatzsicherung im Vergleich zur Regelsicherung in der ersten Säule dar.

Seit 2002 haben alle in der Privatwirtschaft beschäftigten Arbeitnehmer einen gesetzlichen Anspruch auf betriebliche Altersversorgung gemäß **Betriebsrentengesetz (BetrAVG)**[2] und ganz speziell auf eine betriebliche Altersversorgung durch **Entgeltumwandlung**. Sofern der Arbeitgeber von sich aus keine Altersversorgung anbietet, kann der Arbeitnehmer zumindest den Abschluss einer von ihm allein finanzierten Direktversicherung verlangen.

Statt auf die sozialabgaben– und steuerfreie Entgeltumwandlung zu setzen, können sich die Arbeitnehmer alternativ oder ergänzend auch für eine **betriebliche Riester-Rente** entscheiden. Dies wurde von den Beschäftigten in der Privatwirtschaft bisher aber kaum genutzt.

---

[1] http://www.bmas.de/SharedDocs/Downloads/DE/PDF-Pressemitteilungen/2016/alterssicherungsbericht-2016.pdf

[2] §§ 1 und 1a Betriebsrentengesetz (BetrAVG) siehe: https://www.gesetze-im-internet.de/betravg/

Beamte können keine Betriebsrente erhalten. Alle rund 5,4 Mio. sozialversicherungspflichtig beschäftigten Angestellten im öffentlichen und kirchlichen Dienst sind in der Zusatzversorgung pflichtversichert (siehe 4. Kapitel). Die ab 2002 entstehenden Rentenanwartschaften werden nach dem neu eingeführten **Punktemodell** berechnet. Für die zum 31.12.2001 erworbenen Rentenanwartschaften gibt es so genannte **Startgutschriften**, über deren Berechnung seit 15 Jahren gestritten wird.

Angestellte im öffentlichen und kirchlichen Dienst können sich über die Pflichtversicherung im Rahmen der Zusatzversorgung hinaus noch freiwillig versichern über eine Entgeltumwandlung oder eine betriebliche Riester-Rente, die dann ebenfalls zur betrieblichen Altersversorgung zählen und nicht zur eigentlichen Zusatzversorgung des öffentlichen und kirchlichen Dienstes.

1.2. AUSBLICK AUF DIE BETRIEBS- UND ZUSATZRENTE AB 2018

Im Juni 2017 wurden die Weichen sowohl für die betriebliche Altersversorgung als auch für die Startgutschriften der Jahrgänge ab 1947 im Rahmen der Zusatzversorgung neu gestellt. Am 01.06.2017 verabschiedete der Bundestag das Betriebsrentenstärkungsgesetz (BRSG), veröffentlicht am 23.08.2017 im Bundesgesetzblatt (BGBl, Teil I, Nr. 58, 3214-3230). Am 08.06.2017 einigten sich die Tarifparteien des öffentlichen Dienstes auf eine Neuregelung der Startgutschriften.

Kern der neuen Betriebsrente für Neuabschlüsse ab 01.01.2018 ist der vollständige **Garantieverzicht** und damit die Enthaftung der Arbeitgeber, die nur noch eine reine Beitragszusage erteilen nach dem Prinzip „pay and forget" (zahlen und dann vergessen). Der Wegfall von Garantien soll zu höheren Betriebsrenten führen, die künftig als Zielrenten bezeichnet werden und daher unverbindlich sind. Dies eröffnet Arbeitnehmern höhere Renditechancen, ist aber zugleich auch mit höheren Risiken verbunden.

Zu den Vorteilen der neuen Betriebsrente zählen der verpflichtende **Arbeitgeberzuschuss in Höhe von 15 Prozent** des umgewandelten Betrages bei Betriebsrenten aus der sozialabgaben- und steuerfreien Entgeltumwandlung, der Wegfall des Beitrags zur gesetzlichen Kranken- und Pflegeversicherung bei neu abgeschlossenen oder erst ab 2018 beginnenden betrieblichen Riester-Renten sowie ein spezieller Zuschuss des Arbeitgebers von 72 bis 144 Euro pro Jahr bei Geringverdienern mit einem monatlichen Bruttogehalt bis zu 2.200 Euro. Ob die „neue Welt" der Betriebsrente ohne Garantien, aber mit neuen finanziellen Anreizen tatsächlich besser als die „alte Welt" sein wird, bleibt ungewiss.

Die bisherigen Regelungen für bis Ende 2017 abgeschlossene Altverträge zur betrieblichen Altersversorgung bleiben neben den ab 2018 geltenden Regelungen für Neuverträge weiterhin bestehen. Zudem sind auch ab 2018 noch Neuabschlüsse für die „alte" Betriebsrente möglich.

Die am 08.06.2017 beschlossene **Neuregelung der Startgutschriften** im Rahmen der Zusatzversorgung des öffentlichen und kirchlichen Dienstes wird bei rund der Hälfte der ehemals rentenfernen Jahrgänge ab 1947 zu Zuschlägen bis zu 11,11 Prozent auf ihre bisherige Startgutschrift führen. Profitieren werden insbesondere am 31.12.2001 verheiratete Späteinsteiger unter den Pflichtversicherten und Zusatzrentnern, die erst ab dem 25. Lebensjahr in den öffentlichen und kirchlichen Dienst eingetreten sind.

Das **Leistungsniveau der Punkterente** für ab 2002 erworbene Rentenanwartschaften bleibt bis Ende 2024 unverändert. Es handelt sich dabei um eine beitragsorientierte Leistungszusage, die bis zu diesem Zeitpunkt auch in der bisherigen Höhe garantiert wird. Wahrscheinlich wird das Leistungsniveau nach Kündigung des bis 2024 laufenden Altersvorsorgetarifvertrages dann abgesenkt. Dies wird aber nur die ab 2025 entstehenden Anwartschaften auf die Zusatzrente betreffen, die zu den bis 2024 bereits erreichten Anwartschaften hinzukommen.

Wer bereits vor dem 2002 als Angestellter in den öffentlichen oder kirchlichen Dienst eingetreten ist, erhält seine Zusatzrente aus der Kombination von Startgutschrift für die Pflichtversicherungsjahre bis Ende 2001 und Punkterente für die Pflichtversicherungsjahre von Anfang 2002 bis zum Rentenbeginn. Es handelt sich dann praktisch um eine „gemischte" Zusatzrente.

Für alle anderen Angestellten, die frühestens ab 2002 eingetreten sind, ist die Zusatzrente völlig identisch mit der Punkterente. Sie müssen sich mit der komplizierten Startgutschrift gar nicht beschäftigen, da sie darauf gar keinen Anspruch haben. Weil das Leistungsniveau der Startgutschriften (Rentenanwartschaften bis zum 31.12.2001) in vielen Fällen sogar niedriger als das Leistungsniveau für die Punkterente (Rentenanwartschaften ab 01.01.2002) ausfällt, ist dies für diese Gruppe aus finanzieller Sicht auch kein Nachteil.

2. MEHR BETRIEBSRENTE AUS ENTGELTUMWANDLUNG

Der weitaus häufigste Weg zur betrieblichen Altersversorgung geht über die sogenannte Entgeltumwandlung. Dabei werden Teile des Gehalts als Beiträge für eine spätere Betriebsrente abgezweigt. Diese Betriebsrente aus Entgeltumwandlung wird vorwiegend durch die Arbeitnehmer finanziert und zusätzlich durch Zuschüsse des Arbeitgebers, die für bereits bestehende Verträge 15 Prozent des umgewandelten Betrages ab dem Jahr 2022 ausmachen sollen.

In Höhe des umgewandelten Betrages fallen für den Arbeitnehmer keine Beiträge zur Sozialversicherung (gesetzliche Kranken-, Pflege-, Renten- und Arbeitslosenversicherung) an. Daher ist die Entgeltumwandlung in der Ansparphase für monatliche Beiträge bis zu 4 Prozent der Beitragsbemessungsgrenze in der gesetzlichen Rentenversicherung von zurzeit 6.350 Euro, also aktuell bis zu 254 Euro pro Monat, sozialabgabenfrei für Arbeitnehmer und in gleichem Maße auch für Arbeitgeber. Nur wenn das monatliche Bruttogehalt auch nach Abzug des umgewandelten Betrages noch über 6.350 Euro liegt, entfällt die Sozialabgabenersparnis für Arbeitnehmer und Arbeitgeber.

Die Entgeltumwandlung wird zudem staatlich gefördert, da Beiträge ab 2018 sogar bis zu 8 Prozent der Beitragsbemessungsgrenze in der gesetzlichen Rentenversicherung steuerfrei sind. Für Geringverdiener mit einem monatlichen Bruttogehalt bis zu 2.200 Euro gibt es ab 2018 darüber hinaus weitere Zuschüsse in Höhe von 240 bis 480 Euro pro Jahr.

Sozialabgaben- und Steuerersparnis führen für Arbeitnehmer somit zu einer doppelten Entlastung in der Ansparphase. Dies ist sicherlich ein starker finanzieller Anreiz für die Entgeltumwandlung.

Nachteilig ist allerdings die dreifache Belastung im Alter. Die Betriebsrenten aus Entgeltumwandlung sind nicht nur voll steuerpflichtig, sondern auch voll beitragspflichtig in der gesetzlichen Kranken- und Pflegeversicherung. Zusätzlich wird noch die gesetzliche Rente gekürzt, da für die umgewandelten Teile des Gehalts keine Beiträge zur gesetzlichen Rentenversicherung gezahlt werden.

Ob sich die Entgeltumwandlung beim Abwägen von doppelter Entlastung in der Beitragsphase mit der dreifachen Belastung in der Rentenphase letztlich für den Einzelnen noch lohnt, hängt vom Vergleich der zu erwartenden Netto-Betriebsrente mit dem tatsächlich aufgewandten Netto-Beitrag ab. Sofern der Arbeitgeber überhaupt keinen Zuschuss zur Entgeltumwandlung zahlt, lohnt sie sich eher nicht. Andererseits kann sie sich bei attraktiven Arbeitgeberzuschüssen durchaus lohnen.

Wichtig für Arbeitnehmer: Firmen können ab 2018 für eine große Gruppe und gar die ganze Belegschaft eine **automatische Entgeltumwandlung** mit reiner Beitragszusage vorsehen. Wenn Arbeitnehmer dies nicht wollen, müssen sie schriftlich widersprechen (sog. Opting-Out).[3] Wer nicht widerspricht, wird quasi zur Entgeltumwandlung gezwungen. Wie viele Arbeitnehmer von ihrem Widerspruchsrecht und damit vom sog. Opting-Out Gebrauch machen werden, ist völlig ungewiss.

Voraussetzung für dieses neuartige **Optionssystem** bei der Entgeltumwandlung ist der Abschluss eines Tarifvertrages. Sofern der einschlägige Tarifvertrag dies zulässt, kann das Optionssystem auch durch Betriebs- oder Dienstvereinbarungen eingeführt werden. Das Opting-Out wird für bereits bestehende Arbeitsverhältnisse ebenfalls ermöglicht. Es muss sich also nicht um die „neue" Betriebsrente mit reiner Beitragszusage und Garantieverzicht handeln, sondern kann auch für die „alte" Betriebsrente mit   den bisherigen Garantien (zum Beispiel Beitragszusage mit Mindestleistung oder beitragsorientierte Leistungszusage) gelten.

---

[3] § 20 Abs. 2 BetrAVG NEU ab 01.01.2018

2.1. ECKPUNKTE DER BETRIEBLICHEN ALTERSVERSORGUNG

In der betrieblichen Altersversorgung gibt es insgesamt fünf **Durchführungswege**:

- Direktversicherung
- Pensionskasse
- Pensionsfonds
- Direktzusage
- Unterstützungskasse.

Bei Direktversicherung, Pensionskasse und Pensionsfonds handelt es sich um externe und versicherungsförmige Durchführungswege. Im Gegensatz dazu sind Direktzusage und Unterstützungskasse interne und allein vom Arbeitgeber finanzierte Durchführungswege, die vor allem in Großbetrieben vorkommen.

Laut Alterssicherungsbericht[4] der Bundesregierung von 2016 entfielen von 15 Mio. aktiven Anwartschaften auf eine betriebliche Altersversorgung in der Privatwirtschaft Ende 2015 zwei Drittel auf Direktversicherungen (5,1 Mio.) und Pensionskassen (4,8 Mio.) und nur ein Drittel auf Direktzusagen, Unterstützungskassen und Pensionsfonds zusammen (Direktzusagen und Unterstützungskassen 4,7 Mio. sowie Pensionsfonds nur 0,4 Mio.). In diesen 15 Mio. Verträgen sind auch Mehrfachanwartschaften bei unterschiedlichen Versorgungsträgern enthalten, allerdings nicht die 5,4 Mio. Anwartschaften auf eine Zusatzversorgung im öffentlichen und kirchlichen Dienst. 63 Prozent der Verträge zur Direktversicherung und 50 Prozent der Verträge über die Pensionskasse liefen über die Entgeltumwandlung, bei der ein Teil des künftigen Brutto- oder Nettogehalts in „wertgleiche Anwartschaften auf Versorgungsleistungen umgewandelt" wird.[5]

---

[4] http://www.bmas.de/SharedDocs/Downloads/DE/PDF-Pressemitteilungen/2016/alterssicherungsbericht-2016.pdf

[5] § 1 Abs. 2 Ziffer 2 BetrAVG

Finanziert wurden die Beiträge zur betrieblichen Altersversorgung entweder allein vom Arbeitnehmer (in 25 Prozent der Fälle), allein vom Arbeitgeber (28 Prozent) oder gemeinsam von Arbeitnehmer und Arbeitgeber in den übrigen Fällen.

Die ausschließlich arbeitnehmerfinanzierte betriebliche Altersversorgung stellt zurzeit noch die Ausnahme dar. Wer als Arbeitnehmer überhaupt keinen Zuschuss von seinem Arbeitgeber erhält, muss sich sehr genau überlegen, ob die betriebliche Altersversorgung für ihn überhaupt geeignet ist. Sofern der Arbeitgeber aber einen monatlichen festen Zuschuss in Euro oder in Prozent des Beitrags zur Entgeltumwandlung leistet, kann die Betriebsrente einer Privatrente (z.B. Riester-Rente, Rürup-Rente oder Rente aus einer privaten Rentenversicherung) durchaus überlegen sein.

Von in 2015 gut 31 Mio. sozialversicherungspflichtig beschäftigten Arbeitnehmern hatten knapp 18 Mio. Beschäftigte Ansprüche auf eine spätere Betriebs- oder Zusatzrente erworben. Dies sind zwar 57 Prozent aller Beschäftigten in der Privatwirtschaft und im öffentlichen Dienst, wie aus dem aktuellen Alterssicherungsbericht der Bundesregierung hervorgeht und wie dies auch vom Bundesministerium für Arbeit und Soziales (BMAS) immer wieder verkündet wird.

Wenn man aber von den insgesamt knapp 18 Mio. Arbeitnehmern die 5,4 Mio. Beschäftigten im öffentlichen und kirchlichen Dienst mit einer späteren Zusatzrente davon abzieht, bleiben nur noch rund 12,3 Mio. in der Privatwirtschaft beschäftigte Arbeitnehmer mit Betriebsrentenansprüchen übrig. Dies sind dann nur noch 48 Prozent von 25,7 Mio. Beschäftigten in der privaten Wirtschaft.

Mit anderen Worten: Nicht einmal jeder zweite Arbeitnehmer in der Privatwirtschaft hatte Ende 2015 einen Anspruch auf eine spätere Betriebsrente. Zumindest bis Ende 2017 wird sich an dieser Tatsache mit Sicherheit nichts ändern.

Am häufigsten ist die betriebliche Altersversorgung laut Alterssicherungsbericht 2016 der Bundesregierung mit 81 Prozent aller Beschäftigten im Bank- und Versicherungsgewerbe vertreten. Über 60 Prozent der Beschäftigten im verarbeitenden Gewerbe oder bei Bau, Steine, Erden, Energie verfügen über eine Anwartschaft auf eine betriebliche Altersversorgung.

Noch gut 50 Prozent der Beschäftigten sind es im Bereich Grundstücks- und Wohnungswesen oder bei den wissenschaftlichen und technischen Dienstleistungen. 48 Prozent der im Handel Beschäftigten hatten Ende 2015 Anspruch auf Betriebsrente und nur 42 Prozent der Beschäftigten im Baugewerbe. Im Gastgewerbe sind es sogar nur 20 Prozent.

Es nimmt nicht wunder, dass die betriebliche Altersversorgung besonders in Konzernen und anderen Großbetrieben weit verbreitet ist. In Klein- und Mittelbetrieben ist der Anteil der Arbeitnehmer mit einer betrieblichen Altersversorgung deutlich geringer als in Großbetrieben. Nur 28 Prozent der Arbeitnehmer in Kleinbetrieben mit weniger als 10 Beschäftigten waren es, während 83 Prozent der Arbeitnehmer in Großbetrieben mit über 1.000 Beschäftigten Ende 2015 einen Anspruch auf Betriebsrente besaßen.

In diesem zweiten Kapitel geht es ausschließlich um die **betriebliche Altersversorgung in der Privatwirtschaft** einschließlich der zusätzlichen freiwilligen Versicherungen für Angestellte des öffentlichen und kirchlichen Dienstes. Die Zusatzversorgung im öffentlichen und kirchlichen Dienst (ZÖD) ist mit der betrieblichen Altersversorgung in der Privatwirtschaft (bAV) nur schwer vergleichbar, da sie eine Pflichtversicherung für alle Angestellten des öffentlichen und kirchlichen Dienstes ist und sehr häufig wie die gesetzliche Rentenversicherung umlagefinanziert ist. Alles Wissenswerte darüber finden Sie im vierten Kapitel über die Zusatzversorgung im öffentlichen und kirchlichen Dienst. Jeder Arbeitnehmer weiß, dass er später eine gesetzliche Rente bekommt unter der Voraussetzung, dass er eine sozialversicherungspflichtige Beschäftigung ausübt und die Wartezeit von fünf Jahren erfüllt hat. Diese gesetzliche Rente stellt somit die Grundversorgung dar. Das System der gesetzlichen Rentenversicherung ist das mit Abstand größte und wichtigste Alterssicherungssystem in Deutschland. Alles, was über diese Grundversorgung der gesetzlichen Rente hinausgeht, gehört zur betrieblichen Altersversorgung (bAV), Zusatzversorgung des öffentlichen Dienstes (ZÖD) oder zur privaten Altersvorsorge (pAV).

2.2. ENTGELTUMWANDLUNG ALS BETRIEBLICHE ALTERSVERSORGUNG

Eine betriebliche Altersversorgung in Form der Gehalts- bzw. Entgeltumwandlung liegt dann vor, wenn künftige Entgeltansprüche in Anwartschaften auf eine betriebliche Altersversorgung umgewandelt werden. Der Arbeitnehmer verzichtet somit auf Teile des bereits vereinbarten Entgelts (zum Beispiel auf einen Teil des laufenden Gehalts bzw. auf das jährliche Weihnachts- oder Urlaubsgeld) für künftig von ihm noch zu erbringende Arbeitsleistungen. Dieser Gehalts- bzw. Entgeltteil wird dann vom Arbeitgeber umgewandelt in Betriebsrentenansprüche.

Die **Entgeltumwandlung** im weitesten Sinne kann grundsätzlich über zwei Förderwege erfolgen – entweder über eine Umwandlung von Teilen des Bruttogehalts (sog. Brutto-Entgeltumwandlung) oder Teilen des individuell versteuerten und in der Sozialversicherung verbeitragten Arbeitslohns (sog. Netto-Entgeltumwandlung bzw. betriebliche Riester-Rente). Beide Förderwege existieren nebeneinander und schließen sich nicht gegenseitig aus. Daher können sich Arbeitnehmer sowohl für die sozialabgaben- und steuerfreie Entgeltumwandlung als auch für die betriebliche Riester-Rente entscheiden. Im Jahr 2017 liegt der monatliche Höchstbeitrag für beide Förderwege zusammen bei monatlich 429 Euro brutto, und zwar 254 Euro für die Entgeltumwandlung und 175 Euro für die betriebliche Riester-Rente inkl. Riester-Zulagen.

Brutto-Entgeltumwandlung

Im ersten Fall der **Brutto-Entgeltumwandlung** können bis zu 4 Prozent der Beitragsbemessungsgrenze in der gesetzlichen Rentenversicherung steuer- und sozialabgabenfrei plus zurzeit zusätzlich 1.800 Euro im Jahr steuerfrei bzw. bis zu weiteren 4 Prozent ab 2018 steuerfrei in eine betriebliche Altersversorgung umgewandelt werden.[6] Dies nennt man nach dem früheren Bundesfinanzminister Hans Eichel auch „Eichel-Förderung" bzw. Entgeltumwandlung im engeren Sinne.

---

[6] § 3 Nr. 63 EStG NEU ab 01.01.2018

Die **sozialabgaben- und steuerfreie Entgeltumwandlung** bis zu 254 Euro monatlich im Jahr 2017 (4 Prozent der monatlichen Beitragsbemessungsgrenze in der gesetzlichen Rentenversicherung von 6.350 Euro) steht in der betrieblichen Altersversorgung zurzeit ganz eindeutig im Vordergrund. Insbesondere Arbeitnehmer, deren Gehalt unter der Beitragsbemessungsgrenze von monatlich 4.350 Euro in der gesetzlichen Krankenversicherung im Jahr 2017 liegt, sparen den kompletten Arbeitnehmeranteil von über 20 Prozent ein und darüber hinaus noch Steuern. Bei alleinstehenden Arbeitnehmern in Lohnsteuerklasse 1 liegt der Netto-Beitrag daher meist nur bei der Hälfte des Brutto-Beitrags.

Die **zusätzliche nur steuerfreie Entgeltumwandlung** in Höhe von 1.800 Euro pro Jahr bzw. ab 2018 in Höhe von weiteren 4 Prozent der Beitragsbemessungsgrenze in der gesetzlichen Rentenversicherung ist in der Regel nur für Höher- und Spitzenverdiener mit einem persönlichen Grenzsteuersatz von über 40 Prozent inkl. Solidaritätszuschlag interessant.

Netto-Entgeltumwandlung

Die **Netto-Entgeltumwandlung** im zweiten Fall (auch als „Gehaltsverwendung" bezeichnet, da sie aus dem Nettogehalt finanziert wird) wurde in der Praxis bisher weniger praktiziert und ist besser unter dem Namen „**betriebliche Riester-Rente**" bekannt, da die Riester-Förderung durch Zulagen schon ab 2002 von Ex-Bundesarbeitsminister Walter Riester aus der Taufe gehoben wurde.

Die Riester-Förderung besteht aus **Zulagen und evtl. zusätzlichen Steuerersparnissen** für Beiträge inkl. Riester-Zulage bis zu 4 Prozent von 2.100 Euro pro Jahr, also 175 Euro inkl. Zulage im Monat. Sozialabgaben können bei der betrieblichen Riester-Rente ebenso wenig wie bei der privaten Riester-Rente eingespart werden. Näheres über die betriebliche Riester-Rente mit sehr vorteilhaften Änderungen für Riester-Rentner ab 2018 erfahren Sie im dritten Kapitel.

2.3. AUSWAHLKRITERIEN BEI DER ENTGELTUMWANDLUNG

Die betriebliche Altersversorgung durch Entgeltumwandlung erfolgt vor allem durch Direktversicherungen und Pensionskassen. Die Vielfalt von Anbietern erschwert den Überblick für Arbeitnehmer. Es ist aber notwendig, die entscheidenden Knackpunkte und Stellschrauben zu kennen.

Zwar kann die betriebliche Altersversorgung über insgesamt fünf verschiedene Durchführungswege (Direktversicherung, Pensionskasse, Pensionsfonds, Direktzusage oder Unterstützungskasse) vorgenommen werden. Direktzusage und Unterstützungskasse als rein arbeitgeberfinanzierte interne Durchführungswege kommen jedoch für eine Entgeltumwandlung nicht infrage.

Daher bleiben für die Entgeltumwandlung nur drei **externe Durchführungswege** (Direktversicherung, Pensionskasse und Pensionsfonds) übrig. Da die erst seit 2002 möglichen Pensionsfonds mit lediglich 3 Prozent aller Verträge nur eine relativ geringe Bedeutung haben und wegen der Anlage des Fondsvermögens bis zu 70 Prozent in Aktien wohl nur für jüngere Arbeitnehmer attraktiv sind, beschränkt sich das Angebot in der Praxis bisher weitgehend auf Direktversicherungen und Pensionskassen. Im Übrigen gilt das ab 2018 mögliche Sozialpartnermodell mit reinen Beitragszusagen und Garantieverzicht (zuweilen als sechster Durchführungsweg bezeichnet) auch nur für die drei externen Durchführungswege Direktversicherung, Pensionskasse und Pensionsfonds.

Bei **Direktversicherungen** schließt der Arbeitgeber als Versicherungsnehmer direkt Lebens- bzw. Rentenversicherungen auf das Leben der Arbeitnehmer ab. Die Arbeitnehmer sind also die Versicherten. Bei reinen Altersrenten sind sie auch die alleinigen Bezugsberechtigten. Nur bei Abschluss einer zusätzlichen Hinterbliebenenabsicherung sind im Todesfall des versicherten Arbeitnehmers bzw. Altersrentners auch Ehepartner und Kinder bezugsberechtigt für eine Witwen-, Witwer- oder Waisenrente.

Direktversicherung meint Abschluss direkt durch den Arbeitgeber als eine Form der betrieblichen Altersversorgung. Hingegen erfolgt ein Abschluss bei Direktversicherern direkt ohne Einschaltung eines Versicherungsvertreters oder Versicherungsmaklers.

Auf dem Markt der Direktversicherungen mit insgesamt rund 5 Mio. aktiven Verträgen hat die Allianz Lebensversicherung eine dominierende Stellung. Sie ist zum Beispiel Konsortialführer bei der MetallRente. Die Konsortialpartner bei der **Metall Direktversicherung** sind neben dem Konsortialführer Allianz noch Ergo, R+V, Swiss Life und Generali.

Auch Direktversicherer wie Europa Lebensversicherung, HUK24, CosmosDirekt und Hannoversche Leben, die Versicherungsverträge mit ihren Versicherungsnehmern direkt ohne Vermittler abschließen, bieten Direktversicherungen für Arbeitgeber und deren Beschäftigte an.

Mit ebenfalls knapp 5 Mio. aktiven Verträgen folgen die **Pensionskassen**. Dazu zählen zunächst die von Lebensversicherungsgesellschaften als Tochterunternehmen gegründeten Pensionskassen wie zum Beispiel Allianz PK, Ergo PK, R+V PK und Debeka PK.

Die Pensionskassen der privaten Lebensversicherer sind Aktiengesellschaften und dereguliert. Das heißt: Sie müssen sich an den jeweils festgelegten Garantiezins von zum Beispiel 0,9 Prozent bei Neuabschluss der Verträge ab 2017 halten und an die Sterbetafel DAV 2004 R der privaten Rentenversicherer. Im Insolvenzfall springt die Auffanggesellschaft Protektor ein.

Außer diesen neueren **Pensionskassen der privaten Lebensversicherer** (auch als Wettbewerbspensionskassen bezeichnet) gibt es aber auch klassische bzw. **traditionelle Pensionskassen**, die nicht von Lebensversicherungsgesellschaften gegründet wurden. Dabei handelt es sich um Versicherungsvereine auf Gegenseitigkeit (VVaG), die den Garantiezins auch überschreiten und von DAV 2004 R abweichende Sterbetafeln anwenden dürfen. Dadurch liegen die von ihnen zugesagten Betriebsrenten durchweg höher im Vergleich zu den garantierten Betriebsrenten der Pensionskassen, die als Töchter von Lebensversicherern fungieren.

Da die traditionellen Pensionskassen von der BaFin (Bundesanstalt für Finanzdienstleistungsaufsicht) kontrolliert werden, gelten sie als regulierte Pensionskassen. Der Sicherungseinrichtung Protektor gehören sie nicht an. Weil die Rentenzusagen nicht garantiert sind, können die bereits zugesagten Leistungen zum Ausgleich von Fehlbeträgen auch herabgesetzt werden (sog. Sanierungsklausel).

Die größten, nur für bestimmte Firmen tätigen Pensionskassen sind die Baupensionskasse Soka-Bau (Angebote nur für das Baugewerbe und für baunahe Branchen) und die bereits im Jahr 1905 gegründete HPK (Hamburger Pensionskasse) für 2.000 Mitgliedsunternehmen aus dem Bereich des Handels (mit den niedrigsten laufenden Verwaltungskosten von nur 1 Prozent der Beiträge).

Es gibt jedoch auch klassische Pensionskassen, deren Angebote für alle Arbeitgeber und deren Beschäftigte offen sind. Dazu zählen zum Beispiel die im Jahr 1930 gegründete PKDW (Pensionskasse der deutschen Wirtschaft) mit 750 Mitgliedsunternehmen und die schon seit 1901 bestehende DPV (Dresdener Pensionskasse Versicherung) mit über 400 Mitgliedsunternehmen.

Sofern der Arbeitgeber von sich aus keine betriebliche Altersversorgung anbietet, kann der Arbeitnehmer seit 2002 zumindest den Abschluss einer auf seinen Namen lautenden und von ihm allein finanzierten Direktversicherung verlangen. In den weitaus meisten Fällen dürfte aber die vom Arbeitgeber angebotene betriebliche Altersversorgung lukrativer sein.

Dem Betriebsrat sollte daran gelegen sein, gemeinsam mit dem Arbeitgeber eine besonders geeignete Altersvorsorgeeinrichtung auszuwählen. Dies kann durchaus auch eine branchenspezifische Pensionskasse wie Soka-Bau und HPK oder eine branchenunabhängige Pensionskasse wie PKDW und DPV sein. Bei den Rentenleistungen sind diese traditionellen Pensionskassen nahezu immer den Pensionskassen der Lebensversicherer und den Direktversicherungen überlegen.

Es ist auf jeden Fall von Nutzen, die wichtigsten Rechnungsgrundlagen der Pensionskassen genauer unter die Lupe zu nehmen. Traditionelle

Pensionskassen können zum Beispiel mit einem höheren Rechnungs- bzw. Garantiezins kalkulieren. Statt nur 0,9 Prozent bei Neuabschlüssen über Pensionskassen der Lebensversicherer ab 1.1.2017 sind bei einigen traditionellen Pensionskassen auch heute noch 1,25 Prozent oder mehr drin.

Höhere Garantiezinssätze führen zu höheren garantierten bzw. zugesagten Betriebsrenten. Die Höhe der möglichen Betriebsrenten hängt davon ab, mit welcher **laufenden Verzinsung** die Pensionskasse kalkuliert.

Ganz wichtig ist aber auch die **Kostenstruktur** bei Direktversicherungen und Pensionskassen. Mit einmaligen Abschlusskosten von 1,5 Prozent und laufenden Verwaltungskosten von 2,7 Prozent der Beiträge weist die DPV beispielsweise recht niedrige Kosten aus. Bei den ebenfalls ohne Provisionen arbeitenden Zusatzversorgungskassen für Angestellte des öffentlichen und kirchlichen Dienstes (VBL und BVK) liegen die laufenden Verwaltungskosten ebenfalls unter 3 Prozent.

Die Abschluss- und Verwaltungskosten bei Einzeltarifen von Direktversicherungen und Pensionskassen der Lebensversicherer liegen deutlich höher. Diese Kosten lassen sich aber senken, wenn der Arbeitgeber mit den privaten Versicherern **Gruppentarife** aushandelt. Bei gleichem Beitrag gibt es dann höhere Betriebsrenten.

Zum Beispiel liegt die garantierte Betriebsrente bei der R+V Pensionskasse mit Gruppentarif bei der Versicherung von zehn Arbeitnehmern rund 8 Prozent höher im Vergleich zum Einzeltarif. Arbeitnehmer sollten daher auf Gruppenrabatte insbesondere bei größeren Unternehmen achten, die mit den Versicherungen dann spezielle Gruppenversicherungsverträge abschließen.

Direktversicherungen und Pensionskassen der Lebensversicherer legen bei ihrer Kalkulation durchweg die Sterbetafeln nach DAV 2004 R zugrunde. Danach leben die Versicherten im Durchschnitt bis zu zehn Jahre länger im Vergleich zu den Sterbetafeln des Statistischen Bundesamts. Je höher die **fernere Lebenserwartung** kalkuliert wird, auf desto mehr Rentenjahre muss das angesammelte Versorgungskapital verteilt werden. Dadurch sinkt die Höhe der Renten.

Die traditionellen Pensionskassen sind an die Sterbetafeln nach DAV 2004 R nicht gebunden, sondern verwenden noch die Heubeck-Sterbetafeln 2005 für die betriebliche Altersversorgung oder spezifische Sterbetafeln mit einer statistisch geringeren Lebenserwartung. Dadurch fallen die Betriebsrenten höher aus, weil das Kapital auf eine geringere Rentenbezugsdauer verteilt wird.

Einige Direktversicherungen und Pensionskassen wie die MetallRente schließen automatisch eine Todesfallleistung (zum Beispiel Weiterzahlung bis fünf Jahre nach Rentenbeginn im Todesfall des Versicherten) mit ein, die nicht abwählbar ist. Andere bieten zusätzliche Absicherungen für den Invaliditätsfall (Erwerbsminderungs-, Erwerbsunfähigkeits- oder Berufsunfähigkeitsleistung) an. Möglich ist auch die Vereinbarung einer Hinterbliebenenrente.

Die Kombination einer reinen Altersrente mit **Zusatzabsicherungen** wie Berufsunfähigkeitsversicherung oder Hinterbliebenenversorgung ist meist teuer. Folge: Die garantierten und möglichen Betriebsrenten sinken bei gleichen Beiträgen. Arbeitnehmer sollten gewünschte Zusatzabsicherungen daher besser separat durch eine Berufsunfähigkeitsversicherung oder Risikolebensversicherung abschließen.

Zu beachten ist beispielsweise, dass die Hinterbliebenenrente aus der betrieblichen Altersversorgung nach neuem Recht (gilt für Eheschließungen ab 2002 sowie für Heiraten vor 2002, sofern beide Ehegatten nach dem 01.01.1962 geboren sind) auf die Witwen- bzw. Witwerrente in der gesetzlichen Rentenversicherung angerechnet wird. Die gesetzliche Rente einer Witwe oder eines Witwers wird also gekürzt, wenn das Nettoeinkommen (Arbeitseinkommen oder eigene Rente bzw. Pension plus Hinterbliebenen-Betriebsrente und evtl. Zins- und Mieteinkünfte) über dem Witwen- bzw. Witwerfreibetrag von monatlich rund 819,19 Euro in 2017 liegt. 40 Prozent des Überschusses aus Nettoeinkommen minus Freibetrag werden dann auf die Witwen- bzw. Witwerrente angerechnet.

Bei der sozialabgaben- und steuerfreien Entgeltumwandlung sparen neben den Arbeitnehmern auch die Arbeitgeber Sozialabgaben in Höhe bis zu rund 20 Prozent des Umwandlungsbetrags. Bei einem höchstmöglichen Bruttobeitrag von 3.048 Euro im Jahr 2017 wären das also bereits rund 600 Euro pro Jahr oder rund 50 Euro monatlich, wenn der Arbeitnehmer mit seinem Verdienst unter der Beitragsbemessungsgrenze in der gesetzlichen Kranken- und Pflegeversicherung von monatlich 4.350 Euro liegt.

Bei Höherverdienern mit Entgelten zwischen 4.351 Euro und 6.350 Euro spart der Arbeitgeber nur seinen Anteil an der gesetzlichen Renten- und Arbeitslosenversicherung von 10,85 Prozent, also rund 28 Euro monatlich bei einem Umwandlungsbetrag von monatlich 254 Euro. Keine Sozialabgabenersparnis durch Entgeltumwandlung erfolgt bei Spitzenverdiensten ab monatlich 6.350 Euro in 2017.

Die Forderung, dass der Arbeitgeber seine eigene Sozialabgabenersparnis in Form eines Zuschusses an den Arbeitnehmer weitergibt, ist nur allzu verständlich. In mehreren Tarifverträgen wurde daher vereinbart, dass den Arbeitnehmern zumindest ein Teil dieser Ersparnis zugutekommt. Arbeitnehmer sollten daher ihren Arbeitgeber oder Betriebsrat auf jeden Fall fragen, ob sie einen Zuschuss vom Arbeitgeber zur Entgeltumwandlung erhalten.

Sofern tatsächlich ein **Arbeitgeberzuschuss** zum Umwandlungsbetrag erfolgt, wird dieser aus Vereinfachungsgründen meist pauschal in Euro pro Jahr oder Monat bzw. in Prozent des Umwandlungsbetrags vereinbart. In der Bau- und Chemieindustrie sind es zum Beispiel 120 bis 135 Euro im Jahr. Im Einzelhandel liegt der jährliche Arbeitgeberzuschuss bei 122 Euro und sogar bei 300 Euro, falls der Arbeitnehmer auf die vermögenswirksamen Leistungen zugunsten seiner Betriebsrente verzichtet. Hinzu kommt noch ein Zuschuss in Höhe von 10 Prozent des Umwandlungsbetrages, sofern der Arbeitgeber durch die Entgeltumwandlung tatsächlich Sozialabgaben spart.

Wer bereits heute einen Arbeitgeberzuschuss von zum Beispiel monatlich 25 bis 50 Euro oder 10 bis 20 Prozent des Umwandlungsbetrags erhält, sollte den Abschluss einer Betriebsrente durch Entgeltumwandlung durchaus in Erwägung ziehen.

Leider knausern ausgerechnet die öffentlichen und kirchlichen Arbeitgeber und geben überhaupt keinen Zuschuss für den Aufbau einer zusätzlichen Altersversorgung bei der VBLextra (gilt für Angestellte in Bund und Ländern) oder der PlusPunktRente der übrigen Zusatzversorgungskassen (gilt für Angestellte im kommunalen und kirchlichen Dienst).

Spätestens ab 2022 sind aber alle Arbeitgeber verpflichtet, einen Zuschuss von 15 Prozent des umgewandelten Betrags zu leisten. So will es das ab 2018 in Kraft tretende Gesetz zur Stärkung der Betriebsrente. Allerdings gilt dieser gesetzliche verpflichtende Arbeitgeberzuschuss von 15 Prozent nur für die „neue" Betriebsrente mit reiner Beitragszusage. Für bestehende Altverträge mit Garantien in Form der beitragsorientierten Leistungszusage oder der Beitragszusage mit Mindestleistung ist der Arbeitgeberzuschuss tarifdispositiv. Das heißt, eine bestehende ungünstigere tarifliche Regelung kann weiterhin gültig sein.

Wer zurzeit noch keinen Arbeitgeberzuschuss erhält, muss also hoffen, dass es den Zuschuss ab 2022 nachträglich auch für seinen bestehenden Vertrag gibt. Dann hätte er aber immer noch eine vierjährige Durststrecke ohne Zuschuss durchzustehen. Besser wäre es, wenn es einen verpflichtenden Arbeitgeberzuschuss von 15 Prozent für alle bereits ab 2018 gäbe.

2.4. FINANZIELLE ENTLASTUNG IN DER BEITRAGSPHASE

Wer seine betriebliche Altersvorsorge über den Weg der Entgeltumwandlung aufbauen will, wird durch eine Fülle von Fördermöglichkeiten finanziell entlastet. Es handelt sich dabei um eine Kombination aus staatlicher Förderung und zusätzlichen Arbeitgeberzuschüssen.

Insgesamt vier Entlastungsmöglichkeiten stehen Arbeitnehmern zur Verfügung:

- Steuerfreiheit der Beiträge zur Entgeltumwandlung bis zu insgesamt 8 Prozent der Beitragsbemessungsgrenze in der gesetzlichen Rentenversicherung ab 2018[7]
- Sozialabgabenfreiheit der Beiträge zur Entgeltumwandlung bis zu 4 Prozent der Beitragsbemessungsgrenze in der gesetzlichen Rentenversicherung
- Arbeitgeberzuschuss zur Entgeltumwandlung (ab 2018 stufenweise verpflichtend in Höhe von 15 Prozent des umgewandelten Betrages)[8]
- zusätzlicher Arbeitgeberzuschuss in Höhe von 240 bis 480 Euro jährlich ab 2018 für Geringverdiener mit einem monatlichen Bruttogehalt bis zu 2.200 Euro.[9]

Steuerfreie Beiträge zur Entgeltumwandlung

Die **Steuerfreiheit** der Beiträge bis zu 4 Prozent der Beitragsbemessungsgrenze in der gesetzlichen Rentenversicherung war nie umstritten. Schließlich werden die Betriebsrenten in der Rentenphase voll besteuert. Dieses Prinzip der nachgelagerten Besteuerung gilt zum Beispiel auch für die Riester-Rente. Daher wird auch die betriebliche Riester-Rente als sog. Netto-Entgeltumwandlung bzw. Entgeltverwendung voll besteuert.

Sofern die Beitragsbemessungsgrenze in der gesetzlichen Rentenversicherung von derzeit 6.350 Euro in 2018 wie im Rentenversicherungsbericht[10] 2016 der Bundesregierung vorgesehen auf 6.500 Euro monatlich steigt, bleiben in 2018 Beiträge bis zu 520 Euro im Monat gleich 8 Prozent von 6.500 Euro steuerfrei.

Sozialabgabenfreie Beiträge zur Entgeltumwandlung

Die **Sozialabgabenfreiheit** war zunächst nur bis zum 31.12.2008 befristet. Das Bundesministerium für Arbeit und Soziales (BMAS) hat sich

---

[7] § 3 Nr. 63 EStG NEU ab 01.01.2018

[8] § 1a Abs. 1a, § 26 a und § 23 Abs. 2 BetrAVG NEU ab 01.01.2018

[9] § 100 Abs. 1 bis 3 EStG NEU ab 01.01.2018

[10] https://www.bmas.de/SharedDocs/Downloads/DE/PDF-Pressemitteilungen/2016/rentenversicherungsbericht-2016.pdf

aber maßgeblich dafür eingesetzt, dass der Gesetzgeber die Beiträge zur Brutto-Entgeltumwandlung auch ab 2009 weiterhin von allen Sozialabgaben freigestellt hat.

Beiträge bis zu 4 Prozent der Beitragsbemessungsgrenze in der gesetzlichen Rentenversicherung von aktuell 6.350 Euro, also derzeit 254 Euro im Monat, sind somit sozialabgabenfrei. Beim Anstieg der Beitragsbemessungsgrenze auf 6.500 Euro in 2018 wären es demnach 260 Euro.

Wer im Jahr 2017 bis zu 4.350 Euro im Monat brutto verdient, muss als Lediger mit einem Arbeitnehmerbeitrag zur Sozialversicherung in Höhe von 20,775 Prozent des Bruttogehalts rechnen. Bei Arbeitnehmern mit Kindern sind es noch 20,525 Prozent, sofern der Zusatzbeitrag zur gesetzlichen Krankenversicherung 1,1 Prozent ausmacht.

Nach Überschreiten der Beitragsbemessungsgrenze in der gesetzlichen Kranken- und Pflegeversicherung von 4.350 Euro in 2017 (vermutlich 4.450 Euro in 2018) und gleichzeitigem Unterschreiten der Beitragsbemessungsgrenze in der gesetzlichen Renten- und Arbeitslosenversicherung von 6.350 Euro in 2017 (höchstwahrscheinlich 6.500 Euro in 2018) werden für das Mehrrentgelt keine Beiträge zur gesetzlichen Kranken- und Pflegeversicherung mehr fällig. Es werden dann nur 10,85 Prozent des Mehrentgelts als Beitrag zur gesetzlichen Renten- und Arbeitslosenversicherung beim Arbeitnehmer einbehalten.

Daher bleiben in 2017 auch nur 10,85 Prozent der Beiträge zur Entgeltumwandlung sozialabgabenfrei, sofern das sozialversicherungspflichtige Entgelt nach Abzug des Umwandlungsbetrages zwischen 4.350 und 6.350 Euro im Monat liegt.

Sofern das monatliche Entgelt nach Abzug des Umwandlungsbetrages auch die Beitragsbemessungsgrenze in der gesetzlichen Renten- und Arbeitslosenversicherung von 6.350 Euro monatlich in 2017 überschreitet, gibt es für Beiträge zur Entgeltumwandlung bis Ende 2017 keine Sozialabgabenersparnis mehr. Sie bleiben dann wie zusätzlichen 1.800 Euro jährlich bis Ende 2017 bzw. die zusätzlichen 4 Prozent der Beitragsbemessungsgrenze in der gesetzlichen Rentenversicherung ab 2018 nur steuerfrei.

Wichtig: Da das sozialversicherungspflichtige Entgelt nach Abzug des Umwandlungsbetrages sinkt, verringern sich auch die von diesem Entgelt abhängigen **Lohnersatzleistungen** wie Arbeitslosengeld I, Krankengeld und Elterngeld entsprechend. Ist mittel- oder langfristig absehbar, dass Sie arbeitslos werden, ist es sinnvoll, den Vertrag rechtzeitig beitragsfrei zu stellen.

Vermindert sich das sozialversicherungspflichtige Entgelt und damit der Beitrag zur gesetzlichen Rentenversicherung, wird auch die gesetzliche Rente (Alters-, Erwerbsminderungs- oder Hinterbliebenenrente) anteilig geringer. Somit führt die sozialabgabenfreie Entgeltumwandlung nicht nur zur eventuellen Kürzung von Arbeitslosen-, Kranken- und Elterngeld, sondern ganz sicher auch zur Verringerung der später bezogenen gesetzlichen Rente.

Vom Bruttobeitrag zum Nettobeitrag

Eigentlich ist es ganz einfach: Wer als lediger Arbeitnehmer brutto 3.500 Euro im Monat verdient und davon 200 Euro per Entgeltumwandlung in die betriebliche Altersversorgung steckt, spart den vollen Arbeitnehmeranteil zur Sozialversicherung von gut 20 Prozent und außerdem noch Lohnsteuer inkl. Solidaritätszuschlag von knapp 30 Prozent. Er spart somit die Hälfte des Brutto-Beitrags ein und zahlt netto nur 100 Euro.

So richtig dieses gern auch von Versicherern und Versicherungsvermittlern gewählte Rechenbeispiel auch ist: Es stellt leider nur die halbe Wahrheit dar. Schließlich können nur **Durchschnittsverdiener** mit einem sozialversicherungspflichtigen Entgelt bis zu 4.350 Euro pro Monat die kompletten Sozialabgaben einsparen. Zudem sind die Steuerersparnisse für einen verheirateten Alleinverdiener mit Kind bei einem Bruttogehalt von 3.500 Euro und einem Umwandlungsbetrag von 200 Euro niedriger. Dessen Nettobeitrag nach Berücksichtigung der Sozialabgaben- und Steuerersparnis erhöht sich dann auf 116 Euro.

Für Geringverdiener mit einem monatlichen Bruttogehalt von nur 2.000 Euro steigt der Nettobeitrag auf 112 Euro bei einem ledigen und gar auf 148 Euro bei einem verheirateten Arbeitnehmer, weil die Steuerersparnisse deutlich niedriger ausfallen.

In Tabelle 1 werden die Nettobeiträge angegeben, die sich bei einem monatlichen Bruttogehalt von 2.000, 3.000 und 4.000 Euro und einem Umwandlungsbetrag von jeweils 200 Euro ergeben (Stand 2017). Dabei wird unterschieden zwischen Ledigen in Steuerklasse 1 ohne Kind und Verheirateten in Steuerklasse 3 mit Kind. Die Sozialabgabenersparnis in Höhe von 41,55 Euro für kinderlose Arbeitnehmer bzw. für 41,05 Euro für Arbeitnehmer mit Kind ist praktisch gleich. Der geringe Unterschied von 50 Cent bezieht sich auf den Zuschlag von 0,25 Prozent des Umwandlungsbetrags zur gesetzlichen Pflegeversicherung bei Kinderlosen.

Recht hohe Unterschiede gibt es jedoch bei den Steuerersparnissen, da diese nicht nur vom angenommenen Bruttogehalt, sondern auch vom Familienstand (ledig oder verheiratet, Steuerklasse 1 oder Steuerklasse 3) abhängen.

Tabelle 1: Finanzielle Entlastung für Gering- und Durchschnittsverdiener

Bruttogehalt Familienstand	2.000 € ledig	2.000 € verheir.	3.000 € ledig	3.000 € verheir.	4.000 € ledig	4.000 € verheir.
Bruttobeitrag	200 €	200 €	200 €	200 €	200 €	200 €
- Sozialabgaben*	- 42 €	- 41 €	- 42 €	- 41 €	- 42 €	- 41 €
- Steuern**	- 46 €	- 11 €	- 54 €	- 41 €	- 62 €	- 49 €
= Nettobeitrag	= 112 €	= 148 €	= 104 €	= 118 €	= 96 €	= 100 €

*) Arbeitnehmeranteil zur Sozialversicherung 20,775 % ohne Kind (20,525 % mit Kind), und zwar 9,925 % bzw. 9,675 % zur gesetzlichen Kranken- und Pflegeversicherung (7,3 % plus 1,1 % Zusatzbeitrag zur Krankenversicherung sowie 1,525 % bzw. 1,275 % zur Pflegeversicherung) und 10,85 % zur gesetzlichen Renten- und Arbeitslosenversicherung (9,35 % zur Rentenversicherung und 1,5 % zur Arbeitslosenversicherung)

**) Lohnsteuer inkl. Solidaritätszuschlag, aber ohne Kirchensteuer

Bei Gut- und Höherverdienern mit Bruttogehältern von 5.000, 6.000 und 7.000 Euro steigen zwar infolge der Steuerprogression die Steuerersparnisse. Andererseits sinkt aber die Sozialabgabenersparnis auf 21,70 Euro wegen des Wegfalls der Beiträge zur gesetzlichen Kranken- und

Pflegeversicherung für Bruttogehälter von 5.000 bzw. 6.000 Euro und sogar auf Null bei einem Bruttogehalt von 7.000 Euro, das die Beitragsbemessungsgrenze der gesetzlichen Renten- und Arbeitslosenversicherung von derzeit 6.350 Euro auch nach Abzug des Umwandlungsbetrages von 200 Euro deutlich überschreitet.

Gut- und Höherverdiener können somit bei der Entgeltumwandlung weniger bis gar nichts an Sozialabgaben einsparen im Vergleich zu Durchschnitts- und Geringverdienern. Allerdings sparen Sie wegen der Steuerprogression mehr Steuern ein, was aber die geringere Sozialabgabenersparnis oft nicht wettmacht.

Der Nettobeitrag ist laut Tabelle 2 mit nur 95 Euro im Monat bei ledigen Gutverdienern mit 6.000 Euro Bruttogehalt am niedrigsten und mit immerhin 129 Euro bei verheirateten Höherverdienern mit 7.000 Euro Bruttogehalt am höchsten.

Tabelle 2: Finanzielle Entlastung für Gut- und Höherverdiener

Bruttogehalt Familienstand	5.000 € ledig	5.000 € verheir.	6.000 € ledig	6.000 € verheir.	7.000 € ledig	7.000 € verheir..
Bruttobeitrag	200 €	200 €	200 €	200 €	200 €	200 €
- Sozialabgaben*	- 22 €	- 22 €	- 22 €	- 22 €	------	-------
- Steuern**	- 79 €	- 57 €	- 83 €	- 62 €	- 89 €	- 71 €
= Nettobeitrag	= 99 €	= 121 €	= 95 €	= 116 €	= 111 €	= 129 €

*) Arbeitnehmeranteil zur gesetzlichen Renten- und Pflegeversicherung 10,85 % (bei Bruttogehältern von 5.000 und 6.000 €), aber keine Sozialabgaben bei 7.000 € Bruttogehalt

**) Lohnsteuer inkl. Solidaritätszuschlag, aber ohne Kirchensteuer

In den beiden Tabellen wurde von einem festen monatlichen Beitrag in Höhe von 200 Euro brutto ausgegangen. Tatsächlich kann der Beitrag bei der sozialabgaben- und steuerfreien Entgeltumwandlung zwischen mindestens 18,59 Euro (monatlicher Mindestbeitrag in 2017) und 254 Euro (monatlicher Höchstbeitrag in 2017) frei gewählt werden. Es müssen nicht wie bei der Riester-Förderung mindestens 4 Prozent des Bruttogehalts sein. Der hier gewählte Beitrag von 200 Euro würde nur bei einem Brutto-gehalt von 5.000 Euro exakt 4 Prozent entsprechen. Bei allen Gehältern darüber liegt der Satz höher, beispielsweise 5 Prozent bei 4.000 Euro und sogar 10 Prozent bei nur 2.000 Euro Bruttogehalt.

Tatsächlich liegen die durchschnittlichen Bruttobeiträge für Arbeit-nehmer, die ihre betriebliche Altersvorsorge über Entgeltumwandlung aufbauen, derzeit bei etwas mehr als 100 Euro. Es empfiehlt sich, Beiträge über deutlich mehr als 100 Euro bei der Entgeltumwandlung zu wählen, sofern dies finanziell für den Einzelnen verkraftbar ist und der Arbeitge-ber einen Zuschuss zur Entgeltumwandlung leistet. Alternativ oder ergän-zend dazu könnten Beiträge zur betrieblichen Riester-Rente bis zu monat-lich 175 Euro inkl. Riester-Zulage geleistet werden (siehe Kapitel 3). Beide Förderwege können nebeneinander für die betriebliche Altersvorsorge genutzt werden im Sinne eines „sowohl als auch".

Arbeitgeberzuschuss zur Entgeltumwandlung

Da die Arbeitgeber bei der Entgeltumwandlung ebenfalls Sozialabga-ben sparen in Höhe des Arbeitgeberanteils zur Sozialversicherung, geben die meisten Arbeitgeber ihre eigene Sozialabgabenersparnis in Form eines Arbeitgeberzuschusses an ihre Arbeitnehmer weiter. Dieser Arbeitgeber-zuschuss ist für bestehende Verträge bis Ende 2021 aber noch freiwillig. Der Arbeitnehmer hat darauf keinen Rechtsanspruch.

Mit Inkrafttreten des Betriebsrentenstärkungsgesetzes wird der Ar-beitgeberzuschuss in Höhe von 15 Prozent des umgewandelten Beitrages ab 2018 stufenweise zur Pflicht. Für Neuverträge, die aufgrund des neuen Sozialpartnermodells mit reiner Beitragszusage und eines entsprechenden Tarifvertrages geschlossen werden, trifft dies bereits ab 2018 zu. Für neue Verträge in nicht tarifgebundenen Betrieben gilt die Zuschusspflicht ab 2019. Für Altverträge, die bereits bestehen und noch Beitragszusagen mit Mindestleistung oder Leistungszusagen vorsehen, ist der Arbeitgeberzu-schuss von 15 Prozent ab 2022 allerdings nicht verpflichtend, sondern nur tarifdispositiv.[11]

---

[11] § 1a Abs. 1a i.V.m. § 26a BetrAVG NEU ab 01.01.2018

Sofern der Umwandlungsbetrag 200 Euro brutto beträgt, müsste der Arbeitgeber also spätestens ab 2022 einen Zuschuss von 30 Euro gewähren, sofern er nur noch eine reine Beitragszusage gibt und Sozialabgaben einspart. Die Berechnung der finanziellen Entlastung für den Arbeitnehmer wird nicht angetastet.

Der Arbeitgeberzuschuss in Höhe von 30 Euro wie in diesem Beispiel erhöht aber die Zuweisung an Direktversicherung, Pensionskasse oder Pensionsfonds. Statt 200 Euro werden dann 230 Euro an die Versorgungseinrichtung überwiesen mit der Folge, dass auch die späteren Betriebsrenten um 15 Prozent steigen.

Bei einem Arbeitgeberzuschuss von 20 Prozent würde der Überweisungsbetrag auf 240 Euro steigen. Bei einem Durchschnittsverdiener mit einem monatlichen Bruttogehalt von 3.000 € und einem Bruttobeitrag von 200 Euro zur Entgeltumwandlung bliebe der Nettobeitrag von 104 Euro (ledig) bzw. 118 Euro (verheiratet) zwar in dieser Höhe bestehen. Dieser Eigenanteil würde erfreulicherweise aber auf 43 Prozent des Überweisungsbetrages von 240 Euro bei ledigen bzw. 49 Prozent bei verheirateten Durchschnittsverdienern sinken. Ohne Arbeitgeberzuschuss läge der Eigenanteil weiterhin noch bei 52 bzw. 59 Prozent.

Noch besser sähe es bei einem Bruttogehalt von 4.000 Euro monatlich aus. In diesem Fall würde der Nettobeitrag von 96 Euro (ledig) bzw. 100 Euro (verheiratet) nur noch 40 bzw. 42 Prozent von 240 Euro ausmachen statt 48 bzw. 50 Prozent von 200 Euro ohne Arbeitgeberzuschuss.

Zusätzlicher Arbeitgeberzuschuss für Geringverdiener

Für Geringverdiener mit einem monatlichen Bruttogehalt bis 2.200 Euro gibt es ab 2018 einen zusätzlichen Arbeitgeberzuschuss von monatlich 20 bis 40 Euro.[12] Auch dieser Zuschuss kommt beim Umwandlungsbetrag oben drauf, also „on top" hinzu.

Handelt es sich um einen Neuvertrag nach dem Sozialpartnermodell mit reiner Beitragszusage, summiert sich der Zuschuss bei einem Um-

---

[12] § 100 Abs. 2 und 3 EStG NEU ab 01.01.2018

wandlungsbetrag von 200 Euro auf insgesamt 50 bis 70 Euro. Davon entfallen 30 Euro bzw. 15 Prozent von 200 Euro auf den Arbeitgeberzuschuss für Entgeltumwandlung und 20 bis 40 Euro auf den zusätzlichen Arbeitgeberzuschuss für Geringverdiener. In der Spitze wird somit aus 200 Euro Umwandlungsbetrag ein Überweisungsbetrag in Höhe von 270 Euro an den Träger der Versorgungseinrichtung. Die Betriebsrente erhöht sich im Vergleich zum Umwandlungsbetrag von 200 Euro somit um stolze 35 Prozent.

Ein Geringverdiener mit einem monatlichen Bruttogehalt von 2.000 Euro, der 200 Euro und damit ein Zehntel seines Gehalts in die betriebliche Altersversorgung steckt, muss zwar noch einen Nettobeitrag von 112 Euro (ledig) bzw. 148 Euro (verheiratet) stemmen. Dieser Eigenanteil macht dann aber nur noch 41 bzw. 55 Prozent des Überweisungsbetrages von 270 Euro aus.

Bei einem Umwandlungsbetrag von 100 Euro sinkt der Nettobeitrag um die Hälfte auf 56 bzw. 74 Euro. Die Arbeitgeberzuschüsse von 15 Prozent des Umwandlungsbetrages und maximal 40 Euro für Geringverdiener bleiben bestehen, so dass insgesamt 155 Euro an den Versorgungsträger überwiesen werden können. Der Eigenanteil des Geringverdieners sinkt dann auf 36 bzw. 48 Prozent von 155 Euro.

Bei einer Entgeltumwandlung in Höhe von nur monatlich 80 Euro und damit genau 4 Prozent des Bruttogehalts würde der Eigenanteil sogar auf 33 bzw. 44 Prozent von maximal 136 Euro Überweisungsbetrag inkl. Arbeitgeberzuschüssen sinken.

2.5. DREIFACHE BELASTUNG IN DER RENTENPHASE

So erfreulich die starke finanzielle Entlastung in der Anspar- und Beitragsphase insbesondere für Gering- und Durchschnittsverdiener ist, so unerfreulich ist andererseits die dreifache Belastung in der Rentenphase. Dazu zählen drei Dinge:

- voller Beitrag zur gesetzlichen Kranken- und Pflegeversicherung für Betriebsrenten[13]
- volle nachgelagerte Besteuerung für Betriebsrenten
- anteilige Verringerung der gesetzlichen Rente, sofern Beiträge zur gesetzlichen Rentenversicherung in der Beitragsphase eingespart wurden.

Beitragspflichtige Betriebsrenten

Die Betriebsrenten unterliegen grundsätzlich der **vollen Beitragspflicht zur gesetzlichen Kranken- und Pflegeversicherung**. Allerdings bleibt ein Sockelbetrag von derzeit monatlich 148,75 Euro beitragsfrei. Außerdem werden die ab 2018 neu zufließenden betrieblichen Riester-Renten grundsätzlich von der Beitragspflicht ausgenommen. Auch privat krankenversicherte Betriebsrentner sind von der Beitragspflicht befreit.

Volle Besteuerung der Betriebsrente

Betriebsrenten werden voll besteuert, weil die Beiträge zur Entgeltumwandlung steuerlich in vollem Umfang abzugsfähig und daher steuerfrei sind. Es gilt für Betriebsrenten das Prinzip der nachgelagerten Besteuerung, wonach die Steuern erst in der Rentenphase anfallen und nicht schon in der Beitragsphase.

Da der individuelle Steuersatz im Ruhestand in aller Regel deutlich niedriger ist als in der aktiven Phase, entsteht dadurch ein zusätzlicher Steuervorteil.

Anteilige Kürzung der gesetzlichen Rente

Was fast immer vergessen und in Broschüren auch gern verschwiegen wird: Die **gesetzliche Rente** wird anteilig gekürzt, wenn der Arbeitnehmer durch die Entgeltumwandlung Beiträge zur gesetzlichen Rentenversicherung eingespart hat. Zudem sinkt generell das Rentenniveau, da die Durchschnittsentgelte wegen der Entgeltumwandlung geringer ausfallen.

---

[13] § 229 Abs. 1 Nr. 5 SGB VI, siehe http://www.sozialgesetzbuch-sgb.de/sgbv/229.html

Durch den vollen Beitrag zur gesetzlichen Kranken- und Pflegkasse, die volle Besteuerung und die anteilige Kürzung der gesetzlichen Rente kommt es in der Rentenphase somit zu einer dreifachen Belastung. Die Netto-Betriebsrente aus Entgeltumwandlung kann nach dieser dreifachen Belastung dann auf die Hälfte der Brutto-Betriebsrente und sogar darunter abfallen.

Das wahre Preis-Leistungs-Verhältnis bzw. Beitrag-Rente-Verhältnis bei der Entgeltumwandlung kann daher nur aus der Gegenüberstellung der späteren Netto-Betriebsrenten mit den Netto-Beiträgen sowie der evtl. Kürzung von Lohnersatzleistungen ermittelt werden. Die Sozialabgabenersparnis in der Beitragsphase hat sozusagen als Preis die volle Beitragspflicht zur Kranken- und Pflegeversicherung in der Rentenphase, die anteilige Kürzung der gesetzlichen Rente und die eventuelle Kürzung des Arbeitslosen-, Kranken- und Elterngelds.

Wo Licht in der Ansparphase ist, ist somit auch Schatten in der Rentenphase sowie beim Eintritt von Ereignissen wie Arbeitslosigkeit bis zu einem Jahr, länger andauernder Krankheit nach Ablauf der sechswöchigen Lohnfortzahlung durch den Arbeitgeber oder Aussetzen im Job nach Geburt eines Kindes und Ablauf des Mutterschaftsgelds. Daher gilt es, Vor- und Nachteile von Entgeltumwandlung und Sozialversicherung sorgfältig abzuwägen.

Im Folgenden werden zunächst die Auswirkungen der dreifachen Belastung in der Rentenphase anhand eines Modellfalls gezeigt. Es wird angenommen, dass ein heute 40-Jähriger bis zum Erreichen des regulären Rentenalters 27 Jahre lang Beiträge in Höhe von monatlich 200 Euro zahlt und die garantierte Brutto-Betriebsrente einer Direktversicherung ebenfalls exakt 200 Euro ausmacht.

Insofern wird auf einen Test[14] in Heft 7/2017 der Zeitschrift Finanztest über Direktversicherungen Bezug genommen, bei dem die getesteten

---

[14] https://www.test.de/Betriebsrente-Die-guenstigsten-Angebote-fuer-Einzel-und-Gruppenvertraege-4418090-0/

26 Versicherer eine garantierte Betriebsrente von 88 bis 113 Euro bei Zahlung eines Beitrags von 100 Euro über 27 Jahre auswiesen.

Die großen Versicherungsgesellschaften wie Allianz, Generali, R+V und Debeka garantierten 101 Euro. Auf 100 Euro garantierte Betriebsrente aus Direktversicherung kamen die Bayerische und die Nürnberger Versicherung.

Das beste Angebot kam von der Europa Versicherung mit einer garantierten Betriebsrente von 113 Euro. Bei allen Angeboten wurde unterstellt, dass der Beitrag jährlich im Voraus gezahlt wurde. Bei monatlicher Zahlung ging die von Europa garantierte Rente auf 107 Euro zurück.

Die folgenden Tabellen gehen von einem monatlichen Beitrag in Höhe von 200 Euro aus und unterstellen in Anlehnung an die Testergebnisse eine monatliche Brutto-Betriebsrente aus der Direktversicherung von ebenfalls 200 Euro, also das Doppelte der von den meisten Versicherern garantierten Rente bei einem Beitrag von monatlich 100 Euro.

Die dreifache Belastung durch Beiträge zur gesetzlichen Kranken- und Pflegeversicherung, Steuern und anteilige Kürzung der gesetzlichen Rente wird anschließend berücksichtigt. Nach Abzug dieser finanziellen Belastung in der Rentenphase ergibt sich die Netto-Betriebsrente.

Die Tabellen werden wie im vorhergehenden Unterkapitel „Finanzielle Entlastung in der Beitragsphase" getrennt für Gering- und Durchschnittsverdiener mit monatlichen Bruttogehältern von 2.000 bis 4.000 Euro sowie Gut- und Höherverdiener mit 5.000 bis 6.000 Euro Bruttogehalt aufgeführt. Die Erhöhung der monatlichen Betriebsrente infolge eines Arbeitgeberzuschusses von 15 bzw. 20 Prozent des Umwandlungsbetrages wird in diesen beiden Tabellen noch nicht berücksichtigt.

Tabelle 3: Finanzielle Belastung für Gering- und Durchschnittsverdiener

Bruttogehalt Familienstand	2.000 € ledig	2.000 € verheir.	3.000 € ledig	3.000 € verheir.	4.000 € ledig	4.000 € verheir.
Bruttorente	200 €	200 €	200 €	200 €	200 €	200 €
- GKV/GPV*	- 37 €	- 36 €	- 37 €	- 36 €	- 37 €	- 36 €
- Steuern**	- 8 €	------	- 36 €	------	- 44 €	- 4 €
- ges. Rente***	- 44 €	- 45 €	- 44 €	- 45 €	- 44 €	- 45 €
= Nettorente	= 111 €	= 119 €	= 83 €	= 119 €	= 75 €	= 115 €

*) 18,5 % Beitrag zur gesetzlichen Kranken- und Pflegeversicherung für Ledige ohne Kind bzw. 18,25 % für Verheiratete mit Kind

**) volle nachgelagerte Besteuerung nach Steuerklasse 1 für Ledige und Steuerklasse 3 für Verheiratete

***) anteilige Kürzung der gesetzlichen Rente nach Abzug von 11,2 % Beitrag zur gesetzlichen Kranken- und Pflegeversicherung für Ledige ohne Kind bzw. von 10,85 % für Verheiratete mit Kind

Tabelle 4: Finanzielle Belastung für Gut- und Höherverdiener

Bruttogehalt Familienstand	5.000 € ledig	5.000 € verheir.	6.000 € ledig	6.000 € verheir.	7.000 € ledig	7.000 € verheir.
Bruttorente	200 €	200 €	200 €	200 €	200 €	200 €
- GKV/GPV*	- 37 €	- 36 €	- 37 €	- 36 €	- 37 €	- 36 €
- Steuern**	- 47 €	- 29 €	- 50 €	- 36 €	- 52 €	- 43 €
- ges. Rente***	- 44 €	- 45 €	- 44 €	- 45 €	-----	-----
= Nettorente	= 72 €	= 90 €	= 69 €	= 83 €	= 111 €	= 121 €

*) 18,5 % Beitrag zur gesetzlichen Kranken- und Pflegeversicherung für Ledige ohne Kind bzw. 18,25 % für Verheiratete mit Kind

**) volle nachgelagerte Besteuerung nach Steuerklasse 1 für Ledige und Steuerklasse 3 für Verheiratete

***) anteilige Kürzung der gesetzlichen Rente nach Abzug von 11,2 % Beitrag zur gesetzlichen Kranken- und Pflegeversicherung für Ledige ohne Kind bzw. von 10,85 % für Verheiratete mit Kind

Die teilweise erschreckend niedrigen Netto-Betriebsrenten von 69 Euro (lediger Gutverdiener mit 6.000 Euro Bruttogehalt) bis 83 Euro (lediger Durchschnittsverdiener mit 3.000 Euro und verheirateter Gutverdiener mit 6.000 Euro Bruttogehalt) machen nur 35 bis 42 Prozent der Brutto-Betriebsrente aus. Sie verdeutlichen, wie notwendig die verpflichtende Einführung eines Arbeitgeberzuschusses von 15 Prozent des umgewandelten Entgelts ist.

Zur Kürzung der gesetzlichen Rente von 44 bis 45 Euro monatlich sei angemerkt, dass es sich hierbei um den Rentenzahlbetrag nach Abzug des Beitrags zur gesetzlichen Kranken- und Pflegeversicherung von 11,2 bzw. 10,85 Prozent der auf 50 Euro brutto gekürzten Rente aus der gesetzlichen Rentenversicherung handelt.

Dazu dient folgende Berechnung: Ein monatlicher Beitrag von 200 Euro zur Entgeltumwandlung entspricht 6,47 Prozent des Durchschnittsentgelts von 3.092 Euro in 2017. Also werden die in der gesetzlichen Rentenversicherung erreichbaren Entgeltpunkte um 0,06468 vermindert. Dies sind bei einem aktuellen Rentenwert von 31,03 Euro im Westen 2,01 Euro an gesetzlicher Rente weniger. Nach einer Beitragsdauer von 27 Jahren wären es garantiert sogar 54,27 Euro weniger an gesetzlicher Rente, sofern das Rentenniveau gleich bleiben würde.

Wenn das Rentenniveau in der gesetzlichen Rentenversicherung von aktuell 48 Prozent aber auf schätzungsweise 44 Prozent sinkt, wird die garantierte gesetzliche Rente nach 27 Beitragsjahren um 49,75 bzw. rund 50 Euro brutto gekürzt. Dies sind immerhin 25 Prozent der garantierten Brutto-Betriebsrente von monatlich 200 Euro.

Bis zu 204,50 Euro bei der Grundsicherung anrechnungsfrei

Tröstlich für künftige Betriebsrentner: Ab 2018 werden Betriebsrenten nicht mehr in voller Höhe auf die Grundsicherung angerechnet. Ein Sockelbetrag von 100 Euro bleibt auf jeden Fall anrechnungsfrei. Der darüber liegende Mehrbetrag wird nur zu 30 Prozent angerechnet. Die Summe aus Sockelbetrag von 100 Euro und 30 Prozent des Mehrbetrages darf höchstens 50 Prozent der Regelbedarfsstufe 1 ausmachen.[15]

Die Regelbedarfsstufe 1 in Höhe von 409 Euro im Jahr 2017 gilt für die Grundsicherung von Alleinstehenden (sog. Hartz IV für Rentner). 50 Prozent von 409 Euro sind 204,50 Euro, die im Jahr 2017 anrechnungsfrei bleiben. Da die Regelbedarfssätze dynamisch sind und jedes Jahr nach oben angepasst werden, erhöhen sich die bei der Grundsicherung maximal anrechnungsfreien Betriebsrenten.

Dazu ein Beispiel: Die monatliche Betriebsrente liege bei 400 Euro. Davon sind 100 Euro grundsätzlich anrechnungsfrei. 30 Prozent des überschießenden Betrags von 300 Euro sind 90 Euro. Also blieben insgesamt 190 Euro anrechnungsfrei und 210 Euro würden auf die Grundsicherung noch angerechnet.

Höhere Netto-Betriebsrenten bei Arbeitgeberzuschuss von 15 Prozent

Gäbe es den Arbeitgeberzuschuss von 15 Prozent schon heute auch für bestehende Verträge zur Entgeltumwandlung, würden die Brutto-Betriebsrenten um 15 Prozent steigen, also von 200 auf 230 Euro. Zwar würden auch die Beiträge zur gesetzlichen Kranken- und Pflegeversicherung sowie die Steuern um 15 Prozent steigen. Da aber die vom Arbeitgeberzuschuss nicht beeinflusste Kürzung der gesetzlichen Rente weiterhin 44 bzw. 45 Euro ausmacht, stiegen die Netto-Betriebsrenten dennoch um mehr als 15 Prozent.

Netto-Betriebsrenten bei Arbeitgeberzuschuss von 20 Prozent

Fairer wäre ein Arbeitgeberzuschuss in Höhe von 20 Prozent des Umwandlungsbetrages und am besten auch schon für bestehende Verträge bereits ab 2018. Schließlich sparen die Arbeitgeber bereits heute mindestens 19,425 Prozent an Sozialabgaben bei Gering- und Durchschnittsverdienern mit Kindern. Schon beim Anstieg des zurzeit relativ niedrigen Arbeitgeberanteils zur gesetzlichen Rentenversicherung von 9,35 Prozent auf 9,925 Prozent würden genau 20 Prozent erreicht.

---

[15] §§ 82 Abs. 4 und 5 SGB XII NEU ab 01.01.2018

Der Gesamtbeitragssatz in der gesetzlichen Rentenversicherung von 19,85 Prozent (= 9,925 Prozent Arbeitgeberanteil und 9,925 Prozent Arbeitnehmeranteil) wird laut Vorschaurechnung im Rentenversicherungsbericht 2016 der Bundesregierung beispielsweise schon in 2023 deutlich überschritten.

Der **Arbeitgeberanteil zur Sozialversicherung** wird nach einer von der Bundesvereinigung der Arbeitgeberverbände (BDA) und der Vereinigung der bayerischen Wirtschaft (VbW) in Auftrag gegebenen Studie des Forschungsinstituts Prognos von heute 19,425 Prozent bis auf 22,25 Prozent im Jahr 2040 steigen. Dabei wird unterstellt, dass der Arbeitgeberanteil zur gesetzlichen Rentenversicherung auf 11,9 Prozent in 2040 steigt, sofern das Rentenniveau von aktuell 48 auf 42 Prozent in 2040 sinkt.

Der Arbeitgeberanteil zur gesetzlichen Pflegeversicherung würde von aktuell 1,275 Prozent auf 2 Prozent in 2040 steigen. Hinzu kommen der Arbeitgeberanteil zur gesetzlichen Krankenversicherung von 7,3 Prozent und der Arbeitgeberanteil zur Arbeitslosenversicherung, der von bisher 1,5 Prozent auf 1,05 Prozent in 2040 sinken könnte. Zusammen läge der Arbeitgeberanteil also bei 22,25 Prozent.

Ein künftiger Arbeitgeberzuschuss von 20 Prozent zur Entgeltumwandlung dürfte also durchaus gerechtfertigt sein. Positive Folge: Bei einem Arbeitgeberzuschuss von 20 Prozent würden alle Brutto-Betriebsrenten für Gering-, Durchschnitts- und Gutverdiener um 20 Prozent angehoben von 200 auf 240 Euro. Bei Geringverdienern mit einem monatlichen Bruttogehalt bis zu 2.200 Euro käme noch ein zusätzlicher Arbeitgeberzuschuss von 20 bis 40 Euro hinzu, so dass die Brutto-Betriebsrente sogar auf 260 bis 280 Euro und damit um insgesamt 30 bis 40 Prozent steigen würde.

Daraus ergeben sich dann folgende finanzielle Auswirkungen auf die Netto-Betriebsrente, sofern wegen der höheren Brutto-Betriebsrente auch die Beiträge zur gesetzlichen Kranken- und Pflegeversicherung sowie die Steuern um den gleichen Prozentsatz steigen:

- Bei **Geringverdienern** mit einem Bruttogehalt von monatlich 2.000 Euro steigt die Netto-Betriebsrente auf 157 Euro bis 173 Euro für

Ledige und sogar auf 168 bis 185 Euro für Verheiratete mit mindestens einem Kind. Im Vergleich zum Nettobeitrag von 112 Euro für Ledige und 148 Euro für Verheiratete ist dies ein deutliches Plus. Das erklärte Ziel des Betriebsrentenstärkungsgesetzes, insbesondere Geringverdiener stärker zu fördern, würde damit erreicht. Die Geringverdiener wären die Gewinner der beiden Arbeitgeberzuschüsse.

- **Durchschnittsverdiener** mit einem Bruttogehalt von 3.000 bzw. 4.000 Euro kommen auf eine Netto-Betriebsrente von 108 bzw. 99 Euro (Ledige), die noch 4 bzw. 3 Euro über dem Netto-Beitrag liegt. Verheiratete können eine Netto-Betriebsrente von 152 bzw. 148 Euro erwarten, die den Netto-Beitrag von 118 bzw. 100 Euro sehr deutlich übersteigt. Auch die verheirateten Durchschnittsverdiener könnten daher zu den Gewinnern gezählt werden.

- Zu den Verlierern zählen jedoch weiterhin die **Gutverdiener** mit einem Bruttogehalt von 5.000 bzw. 6.000 Euro. Ledige erzielen eine Netto-Betriebsrente von 95 bzw. 91 Euro und damit 4 Euro weniger im Vergleich zum Netto-Beitrag. Bei den Verheirateten liegen die Netto-Betriebsrenten von 117 bzw. 109 Euro ebenfalls noch 4 bzw. 7 Euro unter den Netto-Beiträgen.

- Nur **Höherverdiener** mit einem Bruttogehalt oberhalb der Beitragsbemessungsgrenze in der gesetzlichen Rentenversicherung von zurzeit 6.350 Euro wären von diesem 20-prozentigen Zuschlag auf ihre Brutto-Betriebsrente ausgeschlossen und würden weiterhin eine Netto-Betriebsrente von 111 Euro (Ledige) bzw. 121 Euro (Verheiratete) erzielen, die bei Ledigen mit dem Netto-Beitrag übereinstimmt und nur bei Verheirateten um 8 Euro darunter liegt.

Arbeitgeber können bei der Entgeltumwandlung von Höherverdienern mit einem Bruttogehalt oberhalb der Beitragsbemessungsgrenze in der gesetzlichen Rentenversicherung keine Sozialabgaben sparen und müssen somit auch keinen Arbeitgeberzuschuss leisten. So lässt sich zumindest der Zusatz „soweit der Arbeitgeber durch die Entgeltumwandlung Sozialversicherungsbeiträge einspart" verstehen.[16] Im Umkehrschluss bedeutet dies: Wenn der Arbeitgeber durch die Entgeltumwandlung keine Sozialversicherungsbeiträge einspart, muss er nicht 15 Prozent des umgewandelten Entgelts zusätzlich als Arbeitgeberzuschuss an die Versorgungseinrichtung weiterleiten.

Würden die Höherverdiener dennoch einen Arbeitgeberzuschuss von 20 Prozent zu ihrer Entgeltumwandlung erhalten, kämen Ledige auf eine Netto-Betriebsrente von 133 Euro, die dann immerhin 22 Euro über dem Netto-Beitrag von 111 Euro läge. Verheiratete könnten mit einer Netto-Betriebsrente von 145 Euro rechnen und daher mit einem Plus von 16 Euro gegenüber ihrem Netto-Beitrag von 129 Euro.

Letztlich gleichen die Arbeitgeberzuschüsse von 20 Prozent zur Entgeltumwandlung bei Durchschnitts- und Höherverdienern nur die Nachteile der so hoch gepriesenen sozialabgabenfreien Entgeltumwandlung in der Rentenphase (voller Beitrag zur gesetzlichen Kranken- und Pflegeversicherung und anteilig gekürzte gesetzliche Rente) zum größten Teil wieder aus. Gäbe es nur eine steuerfreie Entgeltumwandlung, fielen die Beitragspflicht und die Kürzung der gesetzlichen Rente in der Rentenphase ersatzlos weg. Da der individuelle Steuersatz in der Rentenphase fast immer niedriger liegt im Vergleich zur Beitragsphase, würde die Netto-Betriebsrente immer über dem Netto-Beitrag liegen.

Steuerfreie Entgeltumwandlung mit Wegfall der Beitragspflicht

Bei nur steuerfreier Entgeltumwandlung mit gleichzeitigem Wegfall der Beitragspflicht zur gesetzlichen Kranken- und Pflegekasse würden sowohl Geringverdiener als auch Höherverdiener aus steuerlichen Gründen besonders gut abschneiden. Geringverdiener profitierten davon, dass auf ihre Renten praktisch keine Steuern anfallen. Andererseits könnten Höherverdiener finanzielle Vorteile aus den niedrigeren individuellen Steuersätzen in der Rentenphase ziehen.

---

[16] § 23 Abs. 2 BetrAVG NEU ab 01.01.2018

Ob es jemals zur Abschaffung der sozialabgabenfreien Entgeltumwandlung für Beiträge bis zu 4 Prozent der Beitragsbemessungsgrenze in der gesetzlichen Rentenversicherung kommen wird, ist höchst zweifelhaft. Logischerweise müsste dann auch die Beitragspflicht in der Rentenphase entfallen.

Tatsächlich wurden mit der Einführung der sozialabgabenfreien Entgeltumwandlung und der vollen Beitragspflicht für Betriebsrenten nach dem sog. Modernisierungsgesetz zur gesetzlichen Krankenversicherung von 2004 die falschen Weichen gestellt, da auch Arbeitgeber Sozialabgaben einsparen konnten. Nur rund 60 Prozent der Firmen, die eine betriebliche Altersversorgung anbieten, geben diese Ersparnis zurzeit über einen Zuschuss an ihre Arbeitnehmer weiter. Dies soll nun mühsam durch verpflichtende Arbeitgeberzuschüsse laut Betriebsrentenstärkungsgesetz nachträglich korrigiert werden.

2.6. Garantierte und mögliche Renten bei alter Entgeltumwandlung

Es ist ein Irrtum zu glauben, bei einem Garantiezins von nur noch 0,9 Prozent sei ein Beitrags- bzw. Kapitalerhalt bei der alten Betriebsrente aus Entgeltumwandlung nicht mehr möglich. Kostengünstige Direktversicherungen und Pensionskassen beweisen das Gegenteil. Sie können weiterhin garantieren, dass zum Rentenbeginn zumindest ein Versorgungskapital in Höhe der eingezahlten Beiträge für die Verrentung bereitsteht. Daher wird es Beitragszusagen mit Mindestleistung und somit garantierte Betriebsrenten auch weiterhin geben.

Darüber hinaus ist mit Überschussbeteiligungen zu rechnen, so dass die mögliche Betriebsrente mehr oder minder deutlich über der garantierten Betriebsrente liegt. Dies gilt vor allem dann, wenn ein Gesamtzins bzw. laufender Zins von beispielsweise 2,5 Prozent nach dem Auslaufen der Niedrigzinsphase auf Dauer erreichbar ist.

2.6.1. Betriebsrenten bei Direktversicherungen

Direktversicherungen dominieren weiterhin in der Gunst der Arbeitnehmer, die eine Anwartschaft auf eine betriebliche Altersversorgung erworben haben. Laut Alterssicherungsbericht 2016 der Bundesregierung waren es 5,1 Millionen und damit ein Drittel der künftigen Betriebsrentner.

Für die Direktversicherung, die im Prinzip nichts anderes als eine private Rentenversicherung mit Kapitalwahlrecht darstellt, spricht das recht einfache Verfahren. Der Arbeitgeber schließt für seinen Arbeitnehmer direkt einen Versicherungsvertrag bei einem Versicherer ab und zahlt als Versicherungsnehmer die vereinbarten Beiträge plus evtl. Arbeitgeberzuschuss. Der Arbeitnehmer als versicherte Person hat Anspruch auf eine Rente oder auf eine einmalige Kapitalauszahlung.

Nur wenn der Arbeitnehmer später aus dem Betrieb ausscheidet und die Direktversicherung privat fortführen will, sollte er sich ab Ausscheiden als Versicherungsnehmer eintragen lassen. Dann werden für den Teil der späteren Betriebsrente oder Kapitalauszahlung, der auf die Zeit nach dem Ausscheiden fällt, keine Beiträge zur gesetzlichen Kranken- und Pflegeversicherung fällig.

Der Test in der Zeitschrift Finanztest 7/2017 zeigt: Wer als heute 40-jähriger Arbeitnehmer einen Beitrag von 1.200 Euro jährlich vorschüssig über 27 Jahre in die Direktversicherung, erhält beim Testsieger Europa eine garantierte Betriebsrente von 113 Euro oder eine garantierte Ablaufleistung von 35.894 Euro, sofern er statt der Rente die Kapitalauszahlung im Alter von 67 Jahren wählt.

Damit liegt die Ablaufleistung noch 3.584 Euro über der Beitragssumme und die Ablaufrendite noch bei 0,72 Prozent bei einem Garantiezins von 0,9 Prozent. Würde man 1.200 Euro jährlich zu 0,9 Prozent ohne Kosten anlegen, käme eine Ablaufleistung von 36.820 Euro nach 27 Jahren heraus. Somit fallen beim Testsieger insgesamt nur 926 Euro für Kosten an (= 36.820 Euro Ablaufleistung vor Kosten minus 35.894 Euro nach Kosten). Die Abschluss- und Verwaltungskosten liegen im Jahresdurchschnitt bei 34 Euro, also unter 3 Prozent der Beitragssumme.

Wer einen monatlichen Beitrag von 100 Euro zahlt, erhält eine garantierte Rente von 107 Euro. Die jährliche Zahlung von 1.200 Euro mit 113 Euro Garantierente ist also vorzuziehen. Dies ist in der Praxis ohne weiteres möglich, wenn beispielsweise erst am Jahresende ein Teil des Weihnachtsgeldes direkt in die Entgeltumwandlung investiert wird.

Bei einer jährlichen Zahlung von 2.400 Euro und damit in doppelter Höhe verdoppelt sich auch die garantierte Betriebsrente auf 226 Euro. Dies sind immerhin schon 13 Prozent mehr im Vergleich zur garantierten Modellrente von 200 Euro bei einem monatlichen Beitrag von ebenfalls 200 Euro wie im vorherigen Kapitel. Es lohnt sich also, einen besonders kostengünstigen Versicherer wie Europa oder CosmosDirekt zu wählen. Bei CosmosDirekt würde die garantierte Betriebsrente bei jährlicher Zahlung von 2.400 Euro noch auf 213 Euro steigen. Das Plus gegenüber der Modellrente von 200 Euro wäre also halb so hoch im Vergleich zu Europa.

Jeder Arbeitnehmer hat seit 2002 einen Rechtsanspruch darauf, dass seine Firma eine betriebliche Altersversorgung für ihn abschließt. Bietet sie keinen eigenen Versorgungsvertrag an, kann jeder den Abschluss einer Direktversicherung verlangen. Dies gilt auch für Kleinbetriebe, in denen möglicherweise kein einziger Mitarbeiter bisher eine Anwartschaft auf die betriebliche Altersversorgung erworben hat. In diesem Fall sind **verhandlungsunabhängige Angebote** von kostengünstigen Direktversicherern wie Europa, CosmosDirekt; HUK24 oder Hannoversche Leben erste Wahl. Hier gilt also der Rat: „Direktversicherung am besten vom Direktversicherer".

In Betrieben mit mindestens zehn Arbeitnehmern, die sich für eine Entgeltumwandlung per Direktversicherung entscheiden, kann der Arbeitgeber **günstigere Gruppentarife** aushandeln. Die garantierten Betriebsrenten werden dann bei der Bayerischen und der R+V von 100 bzw. 101 auf 111 Euro steigen bei einem jährlich im voraus gezahlten Beitrag von 1.200 Euro. Beim doppelten Beitrag sind dann 222 Euro Garantierente drin. Bei diesen **verhandlungsabhängigen Angeboten** gibt es hinsichtlich der Garantierente sicherlich noch Luft nach oben, sofern Hunderte oder gar Tausende von Beschäftigten in Großbetrieben eine Direktversicherung über ihren Arbeitgeber abschließen.

Zwar kann jeder Arbeitnehmer zum Rentenbeginn auch auf die laufende Betriebsrente verzichten und stattdessen vom Kapitalwahlrecht Gebrauch machen. Allerdings lohnt sich dies finanziell meist nicht, da die ausgezahlte Ablaufleistung komplett besteuert wird und die vollen Beiträge zur gesetzlichen Kranken- und Pflegeversicherung lediglich über zehn Jahre gestreckt werden.

Bei einer Ablaufleistung von beispielsweise 72.000 Euro würden beispielsweise jeden Monat 600 Euro beitragspflichtig und zwar über insgesamt 120 Monate bzw. 10 Jahre. Da die Beitragssätze wie in der Vergangenheit typischerweise steigen, werden die monatlichen Kranken- und Pflegekassenbeiträge von aktuell rund 110 Euro im Laufe der Zeit stetig höher ausfallen. Außerdem wird die Ablaufleistung voll besteuert und wird nach Steuern bei einem hohen individuellen Grenzsteuersatz deutlich sinken.

Die anteilige Kürzung der gesetzlichen Rente bleibt bei der Kapitalauszahlung ebenfalls bestehen. Insofern bedeutet der Verzicht auf die laufende Betriebsrente keinen Vorteil. Es sei denn, man ist aus finanziellen Gründen auf die Auszahlung dringend angewiesen und bekommt andererseits eine auskömmliche gesetzliche Rente, die zum Leben reicht.

Mögliche Betriebsrenten bei Direktversicherungen

Überschussbeteiligungen sorgen dafür, dass die spätere tatsächliche Betriebsrente über der garantierten Betriebsrente aus der Direktversicherung liegt. CosmosDirekt nennt eine mögliche Betriebsrente von 284 Euro bei jährlicher Zahlung eines Beitrags von 2.400 Euro über 27 Jahre. Dies sind immerhin 70 Euro mehr im Vergleich zur garantierten Rente von 213 Euro.

Es handelt sich bei dieser möglichen Rente von 284 Euro um eine dynamische Rente, die jährlich um 1,6 Prozent steigt. Diese Prognose setzt aber voraus, dass die von CosmosDirekt angestrebte Gesamtverzinsung von 2,6 Prozent auch erreicht wird. Die dynamische Betriebsrente von 284 Euro mit einer jährlichen Rentensteigerung von 1,6 Prozent ist also keineswegs sicher, sondern nur möglich.

Nur zum Vergleich: Die mögliche Ablaufleistung nach 27 Jahren würde in diesem Beispielfall von garantierten 69.905 Euro auf 93.048 Euro steigen, was einer Ablaufrendite von 2,48 Prozent entspricht.

Vergleich mit Rürup-Rente und gesetzlicher Rente

Die Betriebsrente aus Entgeltumwandlung über eine Direktversicherung muss sich einen Leistungsvergleich mit der Rürup-Rente (3. Säule der Altersvorsorge) und der gesetzlichen Rente (1. Säule der Altersvorsorge) gefallen lassen. Ein solcher Vergleich zeigt, dass sie ohne Arbeitgeberzuschuss weder mit der Rürup-Rente noch mit der gesetzlichen Rente konkurrieren kann.

Der Testsieger Europa garantiert eine monatliche Betriebsrente von 226 Euro, sofern 27 Jahre lang ein monatlicher Beitrag von 200 Euro jährlich vorschüssig in die Direktversicherung eingezahlt wird. Vor Steuern sinkt der monatliche Beitrag wegen der Sozialabgabenersparnis auf 158 Euro. Dem steht nach Abzug des Beitrags zur gesetzlichen Kranken- und Pflegversicherung in Höhe von 18,5 Prozent der Brutto-Betriebsrente und Berücksichtigung der um 44 Euro gekürzten Rente nur eine monatliche Betriebsrente von 140 Euro vor Steuern gegenüber, also 18 Euro weniger im Vergleich zum monatlichen Beitrag vor Steuern.

Eine vergleichbare private Rürup-Rente von ebenfalls garantiert 226 Euro bliebe aber beitragsfrei, sofern der Rürup-Rentner in der gesetzlichen Krankenkasse pflichtversichert ist. Sie läge dann immerhin 26 Euro über dem monatlichen Beitrag von 200 Euro vor Steuern.

Nicht-Pflichtversicherte in der gesetzlichen Rentenversicherung könnten alternativ einen freiwilligen Beitrag zur gesetzlichen Rente in Höhe von monatlich 200 Euro vor Steuern einzahlen und bekämen nach 27 Jahren eine garantierte gesetzliche Rente von 240 Euro, die nach Abzug des Beitrags zur gesetzlichen Kranken- und Pflegekasse von 11,2 Prozent auf 213 Euro vor Steuern sinkt. Dies sind aber ebenfalls noch 13 Euro mehr im Vergleich zum Beitrag von 200 Euro vor Steuern. Hinzu kommt, dass die gesetzliche Rente automatisch noch einen Anspruch auf Hinterbliebenenrente mit einschließt und bei mindestens drei Pflichtversicherungsjahren innerhalb der letzten fünf Jahre vor Eintritt einer Erwerbsminderung darüber hinaus auch einen Anspruch auf Erwerbsminderungsrente.

Fazit: Private Rürup-Rente und gesetzliche Rente aus freiwilligen Beiträgen schlagen die Betriebsrente ohne Arbeitgeberzuschuss bei Entgeltumwandlung. Dies gilt im Übrigen nicht nur für die garantierten, sondern auch für die möglichen Renten unter Berücksichtigung von Überschussbeteiligungen bei Betriebsrente und Rürup-Rente einerseits sowie jährlichen Rentensteigerungen bei der gesetzlichen Rente.

Ein völlig anderes Bild ergibt sich, wenn man einen Arbeitgeberzuschuss von 15 oder gar 20 Prozent bei der Entgeltumwandlung mit berücksichtigt. In diesem Fall würde die garantierte Betriebsrente vor Steuern auf 168 oder sogar 177 Euro steigen und damit 10 bzw. 19 Euro über dem Beitrag vor Steuern in Höhe von 158 Euro liegen.

Dieser Leistungsvergleich zeigt, dass erst ein Arbeitgeberzuschuss von 20 Prozent die Entgeltumwandlung aus Direktversicherung im Vergleich zur Rürup-Rente und gesetzlichen Rente attraktiver machen würde. Dies gilt vor allem dann, wenn man noch eine Berechnung nach Steuern durchführt. Schließlich sind die monatlichen Beiträge bei der Entgeltumwandlung immer komplett steuerfrei, während die Beiträge zur Rürup-Rente und gesetzlichen Rente in den Jahren 2017 bis 2024 nur zu 84 bis 98 Prozent steuerlich abzugsfähig sind.

Unter der Annahme eines Arbeitgeberzuschusses von 20 Prozent und eines monatlichen Bruttogehalts von 4.000 Euro für einen ledigen Arbeitnehmer errechnen sich dann folgende Beträge:

- Bei der garantierten **Betriebsrente** aus Entgeltumwandlung liegt der monatliche Netto-Beitrag in der Ansparphase nur bei 96 Euro, dem in der Rentenphase eine monatliche Netto-Betriebsrente von 113 Euro gegenüber steht. Dies ist beim Beitrag-Rente-Vergleich aus Nettosicht ein Plus von 18 Prozent.

- Die garantierte **Rürup-Rente** netto nach Steuern in Höhe von 179 Euro übersteigt den monatlichen Rürup-Beitrag nach Steuern von 148 Euro noch um 31 Euro, was zu einem Plus von 21 Prozent führt. Da der monatliche Rürup-Beitrag bei voller steuerlicher Abzugsfähigkeit ab 2025 weiter auf 138 Euro sinkt, steigt das Plus weiter an auf 30 Prozent.

- Bei freiwilligen Beiträgen zur gesetzlichen Rente ergeben sich die gleichen monatlichen Nettobeiträge wie bei der Rürup-Rente, da die steuerlichen Regeln völlig identisch sind. Allerdings sinkt die garantierte **gesetzliche Rente** nach Steuern im Vergleich zur Rürup-Rente auf 168 Euro für in der gesetzlichen Krankenkasse versicherte Rentner. Dies ergibt noch ein Plus von 14 Prozent gegenüber dem monatlichen Netto-Beitrag nach Steuern von 148 Euro. Es handelt sich bei der gesetzlichen Rente aus freiwilligen Beiträgen im Gegensatz zur Betriebsrente und Rürup-Rente aber nicht nur um eine reine Altersrente, da sie mindestens auch den Anspruch auf eine Hinterbliebenenabsicherung mit einschließt.

Arbeitnehmer, die in der gesetzlichen Rentenversicherung pflichtversichert sind, sind von freiwilligen Beiträge zur gesetzlichen Rente ausgeschlossen, sofern es sich nicht um Extrabeiträge wie Ausgleichsbeträge zum Rückkauf von Rentenabschlägen ab 50 Jahren oder Nachzahlungsbeträge für Ausbildungszeiten bis 45 Jahre bzw. für vor 1955 geborene Mütter handelt.

Pflichtversicherten Arbeitnehmern bleibt also nur die Wahl zwischen der Betriebsrente in der 2. Säule der Altersvorsorge und der Rürup-Rente bzw. der **privaten Riester-Rente** in der 3. Säule der Altersvorsorge. Dabei lautet das vorläufige Fazit: Betriebsrenten aus der Entgeltumwandlung über Direktversicherungen lohnen sich im Vergleich zu Privatrenten nur, falls der Arbeitgeber einen Zuschuss von mindestens 15 Prozent und besser 20 Prozent des umgewandelten Beitrags leistet.

Auf den Vergleich von **betrieblicher Riester-Rente** ohne Beitrag zur gesetzlichen Kranken- und Pflegeversicherung ab 2018 mit der Rürup-Rente bzw. der privaten Riester-Rente wird im 3. Kapitel näher eingegangen. Nur so viel sei an dieser Stelle schon gesagt: Die betriebliche Riester-Rente ist der privaten Riester-Rente eindeutig überlegen, sofern der volle Beitrag zur gesetzlichen Kranken- und Pflegekasse für Neurentner ab 2018 entfällt. Und gegenüber der privaten Rürup-Rente bietet die „neue" betriebliche Riester-Rente ebenfalls einige Vorteile. Dies gilt insbesondere für Geringverdiener mit einem monatlichen Bruttogehalt bis zu 2.200 Euro, die vom Arbeitgeber ab 2018 einen monatlichen Zuschuss zwischen 20 und 40 Euro erhalten.

Bei einem Vergleich mit der **Privatrente aus der privaten Rentenversicherung** würde die Betriebsrente aus Entgeltumwandlung mit einem Arbeitgeberzuschuss von 15 bzw. 20 Prozent aus Nettosicht mit ziemlicher Sicherheit besser abschneiden, da die Beiträge zur privaten Rentenversicherung bei einem Vertragsabschluss ab 2005 weder sozialabgabenfrei noch steuerfrei geleistet werden. Andererseits muss die Privatrente mit dem steuerpflichtigen Ertragsanteil von 18 Prozent bei Rentenbeginn mit 65 oder 66 Jahren versteuert werden.

Sofern die garantierte Privatrente brutto mit 226 Euro genau so hoch ausfallen würde wie beim Testsieger Europa, läge sie zwar ebenfalls 13 Prozent über dem Brutto-Beitrag von 200 Euro. Nach Steuern sinkt sie aber auf 220 bis 208 Euro je nach Grenzsteuersatz von mindestens 14 bis höchstens 44,31 Prozent inkl. Solidaritätszuschlag.

Das Ergebnis für die klassische private Rentenversicherung im Vergleich zur Entgeltumwandlung aus Direktversicherung verbessert sich auch nicht bei einer Verlängerung der Beitragslaufzeit auf 35 Jahre für einen heute 32-jährigen Arbeitnehmer. Nach einem aktuellen Test[17] von Franke und Bornberg würde die garantierte Privatrente bei einem monatlichen Beitrag von 200 Euro im Bestfall bei 279 Euro nach 35 Jahren liegen und die garantierte Ablaufleistung bei 91.941 Euro. Testsieger unter insgesamt 25 Versicherern ist auch hierbei die Europa Versicherung mit einer garantierten Ablaufrendite von 0,5 Prozent. Die Beitragssumme von 84.000 Euro würde über die monatliche garantierte Privatrente aber auch bei diesem kostengünstigen Versicherer erst nach 25 Jahren zurückfließen. Dann wäre der Privatrentner immerhin 92 Jahre alt.

Zwar wird die Direktversicherung bei Europa bei gleicher Beitragslaufzeit und gleich hohem Beitrag zu den gleichen Brutto-Ergebnissen

---

[17] http://www.handelsblatt.com/finanzen/vorsorge/altersvorsorge-sparen/private-rentenversicherung-viele-angebote-wenig-sicherheit/20124266.html

führen. Kommt jedoch ein Arbeitgeberzuschuss von 15 bis 20 Prozent in der Ansparphase hinzu, liegt die garantierte Brutto-Betriebsrente bei 321 bis 335 Euro. Auch nach Kranken- und Pflegekassenbeiträgen sowie Steuern wird die Netto-Betriebsrente dann wiederum deutlich über dem Netto-Beitrag für die Entgeltumwandlung liegen.

Bei der klassischen privaten Rentenversicherung sinkt die garantierte Privatrente bei einem Ertragsanteil von 18 Prozent je nach Grenzsteuersatz zwar nur auf 272 bis 257 Euro. Der monatliche Beitrag von 200 Euro ist aber brutto für netto. Somit werden 35 Jahre lang 200 Euro netto gezahlt, die auch beim höchsten Grenzsteuersatz von aktuell 44,31 Prozent erst nach 27 Jahren über die garantierten Privatrenten zurückfließen. Das ist wahrlich kein gutes Geschäft.

Im schlechtesten Fall würden nur 205 Euro an monatlicher Netto-Privatrente beim letztplatzierten Versicherter herauskommen. Nun würde es gar 34 Jahre dauern und der Privatrentner müsste schon 101 Jahre alt werden, um seine gezahlten Beiträge garantiert wieder zu bekommen.

Beim Test von Franke und Bornberg für klassische private Rentenversicherungen wurden eine Beitragsrückgewähr in der Ansparphase und eine 10-jährige Rentengarantiezeit in der Rentenphase angenommen. Dies sichert die Hinterbliebenen bzw. Erben beim vorzeitigen Ableben des Versicherten zumindest zum Teil ab.

Zusatzleistungen bei Direktversicherungen

Die Versicherer bieten bei den Direktversicherungen neben der reinen Altersrente auch noch zusätzliche Leistungen wie Schutz bei Berufsunfähigkeit oder Absicherung der Hinterbliebenen an. Zusatzleistungen werden aber häufig teuer erkauft und schmälern die Betriebsrente. Meist ist eine getrennt abgeschlossene Berufsunfähigkeitsversicherung besser und die Absicherung des Ehepartners über eine hohe Risikolebensversicherung.

Einige Versicherer bieten auch den Einschluss einer Erwerbsunfähigkeitsversicherung an, sofern eine Berufsunfähigkeitsversicherung nicht mehr möglich oder nicht gewollt ist. Die Versicherer HanseMerkur,

Volkswohl Bund und LV 1871 versprechen eine höhere Rente im Pflege-fall. Allerdings sinkt im Gegenzug die garantierte Altersrente, sofern keine Pflegebedürftigkeit eintritt. Auch hier könnte eine separate Pflegekosten-versicherung sinnvoller sein.

Übertragung des Kapitals auf neuen Arbeitgeber

Beim Jobwechsel kann der ausscheidende Arbeitnehmer von seinem ehemaligen Arbeitgeber verlangen, dass dieser den Wert des bereits er-reichten Versorgungskapitals bzw. der erreichten Rentenanwartschaft auf den neuen Arbeitgeber überträgt [18]

Diese Übertragbarkeit bzw. **Portabilität** verpflichtet den neuen Ar-beitgeber aber nicht dazu, den bisherigen Vertrag über die Entgeltum-wandlung zu gleichen Konditionen weiterlaufen zu lassen. Stattdessen wird er den Vertrag meist in eine von ihm ausgewählte Direktversiche-rung oder Pensionskasse mit möglicherweise schlechteren Konditionen überführen.

Beitragsfreistellung oder private Weiterführung

Der Arbeitnehmer kann seinen alten Versorgungsvertrag auch bei-tragsfrei stellen und beim neuen Arbeitgeber einen neuen Versorgungs-vertrag abschließen. Im Rentenfall erhält er dann zwei Betriebsrenten.

Eine **private Weiterführung des alten Versorgungsvertrages** kann dann sinnvoll sein, wenn es sich um eine Direktversicherung handelt und ein Versicherungsnehmer-Wechsel vom alten Arbeitgeber zum ehemali-gen Arbeitnehmer erfolgt. In diesem Fall werden laut Urteil des Bundes-verfassungsgerichtes[19] vom 28.9.2010 keine Beiträge zur gesetzlichen Kranken- und Rentenversicherung auf den Teil der späteren Betriebsren-te erhoben, der auf die Zeit der privat weitergeführten Direktversicherung entfällt.

---

[18] § 4 Abs. 3 BetrAVG, siehe https://www.gesetze-im-internet.de/betravg/__4.html

[19] Az. 1 BvR 1660/08

Arbeitnehmer sollten ihren alten Vertrag zur Direktversicherung privat weiter führen. Die meist günstigen Konditionen bleiben ihnen dann erhalten. Sie sollten aber gleichzeitig auch dafür sorgen, dass sie als neue Versicherungsnehmer eingetragen werden, so dass sie später keine Krankenkassenbeiträge zahlen müssen.

Die privat weitergeführte Direktversicherung ist letztlich nichts anderes als eine private Rentenversicherung. Das heißt: Keine Steuerersparnisse in der Beitragsphase bei Neuabschluss ab 2005, aber auch nur Versteuerung des niedrigen Ertragsanteils (zum Beispiel 18 Prozent der Bruttorente bei 65-Jährigen) in der Rentenphase sowie Wegfall der Beitragspflicht zur gesetzlichen Kranken- und Pflegekasse, sofern man als Rentner nicht freiwillig in der gesetzlichen Krankenversicherung versichert ist.

Wer einen alten Vertrag bei seiner Pensionskasse privat fortführt, muss nach einem Urteil des Bundessozialgerichts[20] vom 23.7.2014 zurzeit weiterhin mit der Beitragspflicht im Rentenalter rechnen. Möglicherweise entscheidet aber das vom VDK angerufene Bundesverfassungsgericht anders und stellt den bei der Pensionskasse privat fortgeführten Vertrag auf die gleiche Stufe wie die privat fortgeführte Direktversicherung. Dann entfiele der anteilige Beitrag zur gesetzlichen Kranken- und Pflegeversicherung für die Zeit, in der die laufenden Sparbeiträge allein vom ausgeschiedenen Arbeitnehmer aufgebracht werden.

2.6.2. Betriebsrenten bei Pensionskassen

Nach der von Infratest Anfang 2014 veröffentlichten **Trägerbefragung** für das Jahr 2013 gab es bei den **Pensionskassen** 4,8 Mio. Anwartschaften auf eine Betriebsrente, dies waren 32 Prozent von insgesamt 14,8 Mio. Anwartschaften in der betrieblichen Altersversorgung (bAV)[21].

---

[20] Az. B12 KR 28/12 R

[21] http://www.bmas.de/SharedDocs/Downloads/DE/PDF-Publikationen/forschungsbericht-f449-1.pdf;jsessionid=C12C521634C5DCA6AAD654D4E537F326?__blob=publicationFile&v=2

Bei den 4,8 Mio. handelt es sich um aktiv Versicherte in einer der 148 Pensionskassen. Rund 1,8 Mio. Versicherte hatten ihre Verträge beitragsfrei gestellt und waren daher nur latent bzw. beitragsfrei in einer Pensionskasse versichert, da für sie im Jahr 2013 keine Beiträge zur betrieblichen Altersversorgung über eine Pensionskasse geleistet wurden.

Unter den 4,8 Mio. aktiv Versicherten waren 3 Mio. Männer und 1,8 Mio. Frauen. Mit 2,6 Mio. entfielen 55 Prozent der Altersvorsorgeverträge in Pensionskassen auf die sozialabgaben- und steuerfreie **Entgeltumwandlung**.

Nur 3 Prozent bzw. rund 150.000 Versicherte nahmen stattdessen die **Riester-Förderung** über Zulagen und evtl. zusätzliche Steuerersparnisse in Anspruch und setzten auf die betriebliche Riester-Rente (siehe auch 3. Kapitel in diesem Buch).

Die Hoffnung, dass die Anzahl der Anwartschaften auf eine Betriebsrente in Pensionskassen nach Vorlage des Alterssicherungsberichts im Herbst 2016 deutlich über den im Jahr 2013 ermittelten 4,8 Mio. hinausgehen würde, hat sich nicht erfüllt. Die Anzahl von 4,8 Mio. ist vielmehr gleich geblieben.

Die **Sparkassen PK** gab in ihrem Geschäftsbericht für 2014 beispielsweise bekannt, dass der Zuwachs bei allen Pensionskassen im Jahr 2014 nur bei 1 Prozent lag und beim Neugeschäft in der Branche sogar ein Rückgang um 2 Prozent zu verzeichnen war.

Pensionskassen leiden wie die Direktversicherungen besonders unter der anhaltenden Niedrigzinsphase und wie alle anderen Durchführungswege der betrieblichen Altersversorgung unter der aktuell mangelnden Akzeptanz auf Seiten der Versicherten und späteren Rentner.

Pensionskassen werden als Versicherungsgesellschaften im Wege des Kapitaldeckungsverfahrens definiert[22] und im Betriebsrentengesetz (BetrAVG) als ein Durchführungsweg der betrieblichen Altersversorgung er-

---

[22] § 118 Versicherungsaufsichtsgesetz (VAG), siehe http://www.gesetze-im-internet.de/vag_2016/

wähnt.[23] Sie sind entweder dereguliert mit der Sicherheitseinrichtung Protektor oder reguliert durch die Kontrolle der BaFin (Bundesanstalt für Finanzdienstleistungsaufsicht).

Deregulierte Pensionskassen

Zu den Pensionskassen zählen zunächst einmal die von Lebensversicherungsgesellschaften als Tochterunternehmen gegründeten und den Lebensversicherungen gleichgestellten **deregulierten Pensionskassen** wie beispielsweise Allianz PK, Ergo PK, R+V PK und Debeka PK, die als **Aktiengesellschaften** firmieren. Hinzu kommen recht große deregulierte Pensionskassen wie die in 2002 gegründete Sparkassen PK mit rund 360.000 Versicherten und die Metallrente PK (siehe Tabelle 5, linke Spalte).

Tabelle 5: Pensionskassen in Deutschland (Beispiele)

deregulierte Pensionskassen	regulierte Pensionskassen
Allianz PK	Hamburger PK (HPK)
Ergo PK	Hannoversche PK***
R+V PK	Dresdener PK (DPV)**
Debeka PK	BVV des Bankgewerbes PK
Alte Leipziger PK	PK für die dt. Wirtschaft (PKDW)
Provinzial PK	Soka-Bau
Swiss Life PK	
Sparkassen PK	VBL extra****
Metallrente PK	ZVK der bayerischen Gemeinden*
Selbsthilfe PK	Kirchliche Zusatzversorgungskasse Köln (KZVK)

*) Pensionskasse mit Garantiezins von 2,25 %

**) Pensionskassen mit Garantiezins von 1,75 %

***) Pensionskasse mit Garantiezins von 1,25 %

****) Pensionskasse mit Garantiezins von 0,25 % bei Neuabschluss ab 1.6.2016

---

[23] § 1 Abs. 3 Satz 1 BetrAVG

Wie Lebens- und Rentenversicherer müssen sich diese deregulierten Pensionskassen an den für Lebensversicherungen geltenden jeweiligen Höchstrechnungszins (meist als Garantiezins bezeichnet) von beispielsweise 0,9 Prozent bei Neuabschluss in 2017 nach Versicherungsaufsichtsgesetz[24] halten sowie an die Sterbetafel DAV 2004 R der privaten Rentenversicherer. Garantierte Leistungszusagen können also nicht zurückgenommen werden. Dies gilt auch für den bereits bei Versicherungsbeginn garantierten Rentenfaktor, also die monatlich garantierte Rente pro 10.000 Euro Vertragskapital. Im Insolvenzfall springt die Auffanggesellschaft Protektor ein.

Regulierte Pensionskassen

Sogenannte **regulierte Pensionskassen** werden von der BaFin (Bundesanstalt für Finanzdienstleistungsaufsicht) kontrolliert und werden auch als klassische oder traditionelle Pensionskassen bezeichnet (siehe Tabelle „Pensionskassen in Deutschland", rechte Spalte).

Es handelt sich dabei um **Versicherungsvereine auf Gegenseitigkeit (VVaG)**, die den Garantiezins von aktuell 0,9 Prozent auch überschreiten (siehe Garantiezinsen von 1,25 bis zu 2,25 Prozent laut Tabelle 3, rechte Spalte) und von DAV 2004 R abweichende Sterbetafeln anwenden dürfen. Dadurch liegen die von ihnen zugesagten Betriebsrenten meist höher im Vergleich zu den garantierten Betriebsrenten der deregulierten Pensionskassen, die als Töchter von Lebensversicherern fungieren.

Der Sicherungseinrichtung Protektor gehören sie nicht an. Das Problem für Arbeitgeber und Versicherte: Da die Renten- bzw. Leistungszusagen nicht garantiert sind, können die bereits zugesagten Leistungen zum Ausgleich von Fehlbeträgen auch herabgesetzt werden (sog. Sanierungsklausel). Dies trifft dann die Versicherten und späteren Rentner, sofern in der Versorgungszusage für den versicherten Arbeitnehmer ausdrücklich ein Leistungsvorbehalt formuliert ist.

---

[24] § 118b Abs. 1 VAG

Die größten, nur für bestimmte Branchen tätigen regulierten Pensionskassen sind die Baupensionskasse Soka-Bau (Angebote nur für das Baugewerbe und für baunahe Branchen), die bereits im Jahr 1905 gegründete HPK (Hamburger Pensionskasse) für 2.000 Mitgliedsunternehmen aus dem Bereich des Handels (mit den niedrigsten laufenden Verwaltungskosten von nur 1,1 Prozent der Beiträge) und die im Jahr 1909 gegründete **BVV Versicherungsverein des Bankgewerbes a.G. (Pensionskasse)** mit rund 350.000 Versicherten und 760 Mitgliedsunternehmen.

Es gibt jedoch auch klassische regulierte Pensionskassen, deren nicht branchengebundenen Angebote für alle Arbeitgeber und deren Beschäftigte offen sind. Dazu zählen beispielsweise die im Jahr 1930 gegründete PKDW (Pensionskasse der deutschen Wirtschaft) mit 750 Mitgliedsunternehmen und die bereits seit 1901 bestehende DPV (Dresdener Pensionskasse Versicherung) mit über 400 Mitgliedsunternehmen. Die zugesagten und möglichen Betriebsrenten der DPV liegen von allen Pensionskassen am höchsten.

Öffentliche und kirchliche Pensionskassen

Neben diesen privaten Pensionskassen gibt es noch öffentliche Pensionskassen, die ebenfalls von der BaFin beaufsichtigt werden, und kirchliche Pensionskassen. Dazu zählen die **VBL (Versorgungsanstalt des Bundes und der Länder)** als weitaus größte öffentliche Zusatzversorgungskasse, die den Angestellten von Bund und Ländern im Tarif VBLextra auch freiwillige Versicherungen anbietet. Die Zusatzversorgungskasse der bayerischen Gemeinden bietet den dort pflichtversicherten kommunalen Angestellten in Bayern und der Pfalz als zusätzliche freiwillige Versicherung die PlusPunktRente für an. Die KZVK als größte kirchliche Zusatzversorgungskasse in Köln wirbt mit der freiwilligen ZusatzrentePlus um neue Versicherte.

Bei diesen Angeboten für Arbeitnehmer im öffentlichen und kirchlichen Dienst handelt es sich immer um zusätzliche freiwillige Versicherungen, die über die von Arbeitgebern und Arbeitnehmern finanzierte Pflichtversicherung hinausgehen. Sollte die Leistungszusage bzw. garantierte Rente nicht erfüllt werden, muss der öffentliche bzw. kirchliche Arbeitgeber dafür einstehen und den Verlust ausgleichen.

Sinkende Rechnungszinsen und biometrische Risiken

Die Kernprobleme bei den versicherungsförmigen Durchführungswegen (Pensionskassen und Direktversicherungen) liegen in der **anhaltenden Niedrigzinsphase** und einer **stetig steigenden Lebenserwartung**. Die Schlagwörter der Experten heißen „Rechnungszins" und „Biometrie".

Die Niedrigzinsphase führt zu sinkenden Rechnungs- bzw. Garantiezinsen. Gleichzeitig steigen die biometrischen Risiken infolge steigender Lebenserwartung (sog. Erlebensfallrisiko). Davon werden Pensionskassen, die im Gegensatz zu Kapital-Lebensversicherungen und privaten Rentenversicherungen mit Kapitalwahlrecht nahezu ausschließlich auf lebenslange Rentenzahlungen gerichtet sind, in ganz besonderem Maße getroffen. Sie werden somit gleich von zwei Seiten – Rechnungszins und Biometrie - in die Zange genommen und quasi doppelt auf dem falschen Fuß erwischt.

Es wundert daher nicht, dass die BaFin (Bundesanstalt für Finanzdienstleistungsaufsicht) bereits Ende 2015 die Pensionskassen aufgefordert hat, die Möglichkeit der Umsetzung von entsprechenden Maßnahmen zu überprüfen. Dieser Aufforderung ist beispielsweise der **Aufsichtsrat der BVV Pensionskasse** bereits in seiner Sitzung am 26.1.2016 nachgekommen, indem er Handlungsbedarf durch Änderung der Versicherungsbedingungen sah und eine reduzierte Verzinsung künftiger Beiträge in den vor 2005 abgeschlossenen Altverträgen mit 4 Prozent Rechnungszins vorschlug.[25]

Noch auf Seite 7 des im Mai 2016 veröffentlichten Jahresberichts 2015 des BVV (Versicherungsverein des Bankgewerbes), dem Versorgungswerk für die Banken- und Finanzbranche, hieß es zum Bericht des BVV-Vorstandes: *„Zielsetzung bleibt es, mit einem attraktiven Produktspektrum die stabile Versorgung der Mitglieder zu stärken. Höchste Priorität hat die*

---

[25] https://www.bvv.de/pdf-dokumente/dokumentendatenbank_z-platte/jahresberichte/bvv-jahresberichte_2015.pdf

langfristige und nachhaltige Erfüllung der Leistungsversprechen gegenüber unseren Versicherten und Rentnern".

Auf der Jahrespressekonferenz der BaFin vom 10.5.2016 warnte BaFin-Exekutivdirektor Frank Grund die Pensionskassen vor einer möglichen Schieflage. Einzelne Pensionskassen könnten möglicherweise nicht mehr aus eigener Kraft ihre Leistungen in voller Höhe erbringen. Noch mehr als die Lebensversicherer würden die Pensionskassen unter dem niedrigen Zinsniveau leiden.

Bereits Ende April 2016 kamen Warnungen vom Institut der versicherungsmathematischen Sachverständigen für Altersvorsorgung (IVS), die an Deutlichkeit nichts zu wünschen übrig ließen[26].

Kürzung von Leistungszusagen ab 2017 bei Altverträgen

Vor allem regulierte Pensionskassen unter BaFin-Aufsicht stehen unter Handlungsdruck, da sie in der Vergangenheit teilweise Leistungszusagen gegeben haben, die sehr deutlich über dem für deregulierte Pensionskassen verbindlichen Höchstrechnungs- bzw. Garantiezins lagen.

Der Handlungsdruck ist besonders groß bei regulierten Pensionskassen mit einem hohen Bestand von Altverträgen und Rechnungszinsen von 3,25 bis 4 Prozent. Bereits Ende Mai 2016 kündigte die **Neue Leben Pensionskasse** für rund 80.000 betroffene Versicherte mit laufenden Verträgen im regulierten Bereich und von der BaFin genehmigten Tarifen die Senkung des Rechnungszinses auf 1,25 Prozent für künftige Beiträge ab 2017 sowie die Verwendung der Sterbetafel 2004 R an. Dieser Schritt zur Änderung von Leistungszusagen für künftige Rentenanwartschaften sei mit Genehmigung der BaFin geschehen. Nicht betroffen seien ab 2006 abgeschlossene Verträge im deregulierten Bereich der Lebensversicherer gem. § 118b Abs. 1 VAG.

Als erste Pensionskasse hat somit die Neue Leben PK (abgekürzt NLP) den Rechnungszins für Altverträge aus den Jahren 2003 bis 2005 von 3,25

---

[26] https://aktuar.de/politik-und-presse/positionen-und-stellungnahmen/Stellungnahmen/2016-04-22-IVS_Position_bAV.pdf

Prozent für alle gezahlten Beiträge bis Ende 2016 auf nur noch 1,25 Prozent für ab 1.1.2017 geleistete Beiträge[27] gesenkt.

Diese Maßnahme erfolgte gerade einmal drei Wochen nach der Jahrespressekonferenz der BaFin, auf der Exekutivdirektor Frank Grund bei Pensionskassen Alarm schlug. Die NLP gehört dem hannoverschen Versicherungskonzern Talanx sowie acht großen Sparkassen.

Im Geschäftsbericht 2014 wies die Neue Leben PK auf die künftigen Risiken in den Jahren 2014 bis 2019 hin. Danach ergebe sich in diesem Zeitraum *„eine äußerst angespannte Risikosituation für die Gesellschaft, die die Erfüllung aller Verpflichtungen aus den bestehenden Verträgen ggf. in Frage stellt"*.

Die künftige NLP-Betriebsrente wird im Durchschnitt um rund 16 Prozent gesenkt, also um ein Sechstel. Besonders betroffen sind jüngere Versicherte, die im Schnitt erst zwölf Jahre lang Jahresbeiträge gezahlt haben und künftig noch beispielsweise 18 Jahre lang einzahlen werden. Laut NLP-Sprecher sei die getroffene Maßnahme „im Interesse jedes einzelnen Versicherungsnehmers" und die Zinssenkung sei „nötig, um die Kunden langfristig bestmöglich zu sichern".

Nicht betroffen sind ehemalige NLP-Versicherte, die bereits Betriebsrente beziehen, und kaum betroffen sind ältere Versicherte, die bereits in wenigen Jahren in Rente gehen. Für die rund 10.000 Arbeitgeber bestehe laut NLP-Sprecher angeblich kein Haftungsrisiko, da die den Arbeitnehmern erteilten Leistungszusagen von Anfang an die Möglichkeit vorgesehen hätten, eine BaFin-Zustimmung zur Änderung der Rechnungsgrundlagen einzuholen. Ob sich die Arbeitgeber dadurch der grundsätzlichen Einstandspflicht nach § 1 Abs. 1 Nr. 3 BetrAVG entziehen können, ist höchst zweifelhaft und könnte ein Fall für Juristen werden.

Knapp zwei Wochen nach der NLP zog die **BVV Versicherungsverein des Bankgewerbes a.G (Pensionskasse)**, laut eigener Angabe von

---

[27] http://www.sueddeutsche.de/wirtschaft/niedrigzins-erste-pensionskasse-senkt-betriebsrenten-1.3013717

den Kapitalanlagen her größte Pensionskasse, nach[28]. Die paritätisch mit Arbeitnehmern und Arbeitgebern besetzte Mitgliederversammlung hat am 24.6.2016 der von Vorstand und Aufsichtsrat der BVV PK empfohlenen Kürzung der Leistungszusage für Alttarife mit einem Rechnungszins von 4 Prozent mit einer deutlichen Mehrheit von über 90 Prozent zugestimmt.

Direkt betroffen von dieser Entscheidung sind rund zwei Drittel der 350.000 der bei der BVV PK versicherten Arbeitnehmer mit einem bis zum 31.12.2004 abgeschlossenen Versorgungsvertrag im Tarif DA der Tarifgemeinschaft A (A wie alt) oder in den Tarifen DP in der Tarifgemeinschaft N 1998, DN 1998 oder RN 1998 (N wie neu), für die auch ab 2017 noch weiter Beiträge gezahlt werden. Die aus künftigen Beiträgen ab 1.1.2017 stammenden Rentenanwartschaften werden um rund 24 Prozent gekürzt[29].

Für den Alttarif DA gilt für die bis Ende 2016 erreichten bzw. noch erreichbaren Rentenanwartschaften eine recht attraktive Leistungszusage, wonach die monatliche Rente 11,45 Prozent des jeweiligen Beitrags ausmacht. Dieser hohe **Steigerungsbetrag** wird nun für ab 2017 bezahlte Beiträge auf 8,7 Prozent gesenkt, was einer Kürzung um exakt 24,02 Prozent entspricht.

Der hohe Steigerungsbetrag von pauschal 11,45 Prozent bei BVV-Renten nach Alttarifen mit 4 Prozent Rechnungszins schließt nahtlos an die Steigerungsbeträge für die **bis Ende 1997 mögliche Höherversicherung** im Rahmen der gesetzlichen Rentenversicherung gem. § 269 Abs. 1 SGB VI an. Diese Steigerungsbeträge waren noch nach Alter gestaffelt (zum Beispiel 10 Prozent ab 56 Jahren, 11 Prozent bei Alter von 51 bis 55 Jahren, 12 Prozent bei Alter von 46 bis 50 Jahren und 13 Prozent bei Alter von 41 bis 45 Jahren). Wer beispielsweise im Alter von 41 Jahren mit der Zahlung von Höherversicherungsbeiträgen zur gesetzlichen Rente be-

---

[28] http://www.faz.net/aktuell/finanzen/meine-finanzen/vorsorgen-fuer-das-alter/weniger-pension-fuer-deutsche-bankbeschaeftigte-14285449.html

[29] https://www.bvv.de/ueber-den-bvv/sonderthema-mitgliederversammlungen.html

gann, kam nach 24 Jahren auf einen durchschnittlichen Steigerungsbetrag bzw. Steigerungssatz von 11,46 Prozent.

Der Steigerungssatz von 11,45 Prozent beim BVV-Alttarif DA ist nahezu identisch. Daraus folgt unmittelbar, dass der BVV-Rentner sogar dann noch besser abschnitt als der gesetzliche Rentner, wenn er erst ab dem 42. Lebensjahr ganz allein Beiträge in die BVV Pensionskasse zahlte. Erst bei regelmäßigen Höherversicherungsbeiträgen bis zum 40. Geburtstag lag die nicht dynamisierte gesetzliche Rente höher.

Die Höherversicherung mit hohen Steigerungsbeiträgen im Rahmen der gesetzlichen Rentenversicherung war nur bis Ende 1997 möglich und wurde dann wegen der hohen Kosten ab 1998 eingestampft. Es ist erstaunlich, dass der BVV dieses teure Konzept nicht nur übernommen, sondern auch noch für die Beitragsjahre von 1998 bis heute weitergeführt hat.

Laut **BVV-Satzung** kann die Mitgliederversammlung der BVV PK die Erhöhung der Beiträge oder die Herabsetzung der Leistungen oder beides beschließen. Die Herabsetzung der Leistung kann sich auch auf schon bewilligte Leistungen erstrecken, sofern diese nicht vor Inkrafttreten des Beschlusses fällig geworden sind. Der Beschluss der Mitgliederversammlung vom 24.6.2016, wonach bei vor 2005 abgeschlossenen Altverträgen die Leistungen aus künftigen Beiträgen um rund 24 Prozent gekürzt werden, ist somit durch die Satzung gedeckt. Ob eine Einstandspflicht bzw. Haftung der Arbeitgeber erfolgt, ist weder den Versicherungsbedingungen noch der Verbraucherinformation[30] zu entnehmen.

Angesichts einer **durchschnittlichen Altersrente in Höhe von 712 Euro für männliche BVV-Rentner** laut BVV-Abschlussbericht 2015 erscheint eine Kürzung der Leistungszusage bei Alttarifen vertretbar, da nur die ab 2017 neu entstehenden Rentenanwartschaften davon betroffen sein werden.

---

[30] https://www.bvv.de/pdf-dokumente/dokumentendatenbank_z-platte/dokumente_vs/verbraucherinformationen_widerrufsbelehrung_im_internet/verbraucherinformation_bav_pk_vse00322.pdf

Bei den Alttarifen N 1998, DN 1998 und RN 1998 ist bisher kein einheitlicher Steigerungsbetrag von 11,45 Prozent des jeweiligen Beitrags vorgesehen, sondern ein vom Alter abhängiger Rentenfaktor in Prozent des Beitrags. Je jünger (älter), desto höher (niedriger) fällt der Rentenfaktor aus. Durch die höheren Rentenfaktoren für Jüngere wird der Zins- und Zinseszinseffekt angemessen berücksichtigt. Die Kürzung der Leistungszusage um rund 24 Prozent soll bei diesen Alttarifen aus der Tarifgemeinschaft 1998 analog zum Alttarif DA über die Rentenfaktoren erfolgen.

VBL senkt Garantiezins auf 0,25 Prozent für Neuabschlüsse ab 01.06.2016

Bekanntlich ist der Garantiezins (offiziell Höchstrechnungszins genannt) bei Neuabschlüssen von privaten Rentenversicherungen und Kapitallebens-Versicherungen ab 01.01.2017 auf nur noch 0,9 Prozent gesunken.

Wer glaubt, dies sei das Ende der Fahnenstange nach unten, irrt. Für Neuabschlüsse zur freiwilligen Versicherung ab 01.06.2016 bei der Versorgungsanstalt des Bundes und der Länder (VBL) gibt es nur noch einen konkurrenzlos niedrigen Garantiezins von 0,25 Prozent, wie die VBL am 01.06.2016 mitteilte[31,32]. Davor galt noch ein Garantiezins von 1,75 Prozent.

Die **VBL** ist mit rund 1,9 Millionen Pflichtversicherten die mit Abstand größte Zusatzversorgungskasse in Deutschland. Sie bietet ihren bereits pflichtversicherten Angestellten im öffentlichen Dienst des Bundes und der Länder neben der Zusatzversorgung in der „VBLklassik" auch eine freiwillige Versicherung über die „VBLextra" an.

---

[31] https://www.vbl.de/de/service/informationen/newsarchiv/vblextra-einf%C3%BChrungeines-%20neuen-tarifs-f%C3%BCr-neuvert_iowgbv5k.html?s=Xq3TsH1mf8B2uZ75dJ

[32] https://www.vbl.de/de/versicherte/freiwillige_versicherung/produktinformationen_vblextra

Im Jahr 2015 hatten von den insgesamt 1,9 Millionen Pflichtversicherten in der Zusatzversorgung laut VBL-Geschäftsbericht 2015[33] lediglich rund 244.000 Beiträge zur Entgeltumwandlung oder zur betrieblichen Riester-Rente geleistet. Nur etwa jeder achte bei der VBL pflichtversicherte Angestellte im öffentlichen Dienst hatte somit einen noch aktiven Vertrag zur freiwilligen Versicherung.

Das künftige Niveau von Leistungszusagen bei der freiwilligen Versicherung „VBLextra" wird laut VBL nur noch geringfügig über einer Beitragszusage mit Mindestleistung liegen.

Bereits für Neuabschlüsse ab Januar 2012 hatte die VBL den Garantiezins für die freiwillige Versicherung von ehemals 2,75 auf 1,75 Prozent gesenkt. Zugleich wurden neuere Sterbetafeln (sogenannte VBL-Generationentafel 2010) verwandt, um die Garantierenten auf eine deutlich längere Rentendauer zu verteilen.

Außerdem wurden früher als notwendig Unisex-Tarife für ihre Betriebsrenten aus freiwilliger Versicherung eingeführt. Gegenüber Vertragsabschlüssen bis Ende 2011 sanken die Garantierenten je nach Beitragsdauer und Geschlecht dadurch bereits um bis zu 50 Prozent.

Der seit Anfang Juni 2016 geltende neue Tarif[34] „VBLextra 04" wurde vom VBL-Verwaltungsrat beschlossen und von der BaFin mit Schreiben vom 31. Mai 2016 genehmigt.

Aus wirtschaftlicher Sicht gibt es für Angestellte im öffentlichen Dienst mit Pflichtversicherung über die VBL zwei Gründe, einen Neuabschluss in der freiwilligen Versicherung über die Entgeltumwandlung auf jeden Fall zu vermeiden. Neben dem konkurrenzlos niedrigen Garantiezins von nur noch 0,25 Prozent ist es vor allem der fehlende Zuschuss des öffentlichen Arbeitgebers zur Entgeltumwandlung. Erst ab 2022 sind auch die öffentlichen Arbeitgeber zur Zahlung eines Arbeitgeberzuschusses von 15 Prozent verpflichtet.

---

[33] https://www.vbl.de/de/app/media/resource/_ijmtodov.deliver

[34] https://www.vbl.de/de/versicherte/freiwillige_versicherung/produktinformationen_vblextra/leistungen/

Noch 2,25 Prozent Garantiezins bei der ZVK der bayerischen Gemeinden

Im Gegensatz zur VBL mit einem Rechnungszins von nur noch 0,25 Prozent bietet die Zusatzversorgungskasse der bayerischen Gemeinden über die **Bayerische Versorgungskammer** (BVK) für die freiwillige Zusatzrente (dort auch „PlusPunktRente" genant) noch Tarife mit einem Garantiezins von 2,25 Prozent an.

Die Höhe der garantierten und auch möglichen Renten inkl. Absicherung der Hinterbliebenen und bei Erwerbsminderung kann in den meisten Fällen anhand von speziellen **Angebotsrechnern zur PlusPunktRente** ermittelt werden. Wenn dies nicht möglich ist, bleibt nur ein Blick in die allgemeinen Versicherungsbedingungen. Dort wird die Berechnungsweise nach dem Punktemodell festgelegt.

Haftung der Arbeitgeber bei gekürzten Leistungszusagen

Das Betriebsrentengesetz (BetrAVG) sieht im Betriebsrentengesetz ausdrücklich eine Einstandspflicht des Arbeitgebers auch für externe Durchführungswege wie Pensionskassen und Direktversicherungen vor, wenn Leistungen gekürzt werden sollen.[35] Satz 3 lautet: *„Der Arbeitgeber steht für die Erfüllung der von ihm zugesagten Leistungen auch dann ein, wenn die Durchführung nicht unmittelbar über ihn erfolgt "*

Eine betriebliche Altersversorgung liegt auch dann vor, wenn „der Arbeitgeber sich verpflichtet, bestimmte Beiträge in eine Anwartschaft auf Alters-, Invaliditäts- oder Hinterbliebenenversorgung umzuwandeln (beitragsorientierte Leistungszusage)".[36] Es dürfte unbestritten sein, dass bei den Alttarifen der BVV PK und der Neue Leben PK eine solche **beitragsorientierte Leistungszusage** vorliegt. Einschlägige Urteile des Bundesarbeitsgerichts (BAG) vom 15.3.2016 (Az. 3 AZR 476/15 und 3 AZR 827/14[37]), 30.9.2014 (Az. 3 AZR 617/12)[38] und vom 19.6.2012 (Az. 3 AZR

---

[35] § 1 Abs. 1 Satz 3 BetrAVG

[36] § 1 Abs. 2 Ziffer 1 BetrAVG

[37] http://www.bag-urteil.com/15-03-2016-3-azr-827-14/

[38] https://openjur.de/u/768681.html

408/10)[39,40] liegen vor, in denen eine Einstandspflicht des Arbeitgebers bei Leistungskürzungen durch Pensionskassen bejaht wird. In allen Fällen ging es um die Auslegung der genannten Paragrafen.

Laut BAG reicht eine Satzungsregelung, wonach die Mitgliederversammlung einer regulierten Pensionskasse eine Kürzung von Leistungszusagen beschließt, zur Enthaftung der Arbeitgeber nicht aus. Es kommt darüber hinaus auf die Auslegung der Versicherungsbedingungen und Tarife sowie die dem Arbeitnehmer konkret erteilte Versorgungszusage an.

Den Arbeitgeber trifft grundsätzlich eine Einstandspflicht bzw. Haftung, sofern die jeweilige Pensionskasse die zugesagte Leistung nicht mehr erbringt. In diesem Fall muss der Arbeitgeber dem ehemals Versicherten die Differenz zwischen zugesagter Leistung und tatsächlich erbrachter Leistung ersetzen. Der Arbeitgeber haftet laut Betriebsrentengesetz ausdrücklich auch für externe Durchführungswege wie Pensionskasse oder Direktversicherung.

Die erwähnten BAG-Urteile hat **Fachanwältin für Arbeitsrecht Dr. Ingeborg Axler** aus Köln erstritten, die eine Vielzahl von betroffenen Versicherten in allen Instanzen vom Arbeitsgericht über das Landesarbeitsgericht bis zum Bundesarbeitsgericht vertreten hatte. In allen drei Gerichtsurteilen ging es um die Pensionskasse für die deutsche Wirtschaft (PKDW), Nachfolgerin der Pensionskasse der chemischen Industrie. Die PKDW war 2002 in finanzielle Schwierigkeiten geraten und hatte unter Berufung auf ihre Satzung nach dem Beschluss der Mitgliederversammlung vom 27.6.2003 die laufenden Renten gekürzt.

Im aktuellen Fall BVV Versicherungsverein a.G. hat die Mitgliederversammlung des BVV Versicherungsverein a.G. (Pensionskasse) am 24.6.2016 laut Mark Roach, Referent Banken in der ver.di-Bundesverwaltung, mit über 90 Prozent der Mitglieder der Kürzung von Betriebsrenten aus ab 1.1.2017 noch zu leistenden Beiträgen zugestimmt.

---

[39] http://juris.bundesarbeitsgericht.de/cgi-bin/rechtsprechung/document.py?Gericht=bag&Art=en&nr=16275

[40] http://www.jurablogs.com/go/einstandspflicht-des-arbeitgebers-fuer-pensionskasse

Die meisten Banken wollen jedoch Zusatzbeiträge übernehmen, um die Senkung der Leistungszusagen auszugleichen und damit ihrer Einstandspflicht nach § 1 Abs. 1 Satz 3 BetrAVG nachzukommen. Sollten die noch fehlenden Banken sich weigern, wird ver.di, so ihr Referent Mark Roach, handeln. Zu den Handlungsoptionen gehören Haustarifverträge mit den entsprechenden Banken, Betriebsvereinbarungen zwischen der Bank und ihrem Betriebsrat, aber auch Klagen der Versicherten.

2.7. GARANTIEVERBOT UND ZIELRENTE BEI NEUER ENTGELTUMWANDLUNG

Um Arbeitgeber künftig von der Haftung bzw. Einstandspflicht freizustellen, favorisierte **Professor Dr. Peter Hanau** in seinem im Auftrag des Bundesministeriums für Arbeit und Soziales (BMAS) erstellten Rechtsgutachten[41] zum Sozialpartnermodell die Umkehr von den bisherigen Versorgungszusagen (reine Leistungszusage, beitragsorientierte Leistungszusage oder Beitragszusage mit Mindestleistung) zu einer reinen Beitragszusage.

Laut Professor Hanau können viele Pensionskassen hohe Rechnungszinsen von 3,25 bis 4 Prozent aufgrund der Niedrigzinspolitik derzeit am Kapitalmarkt nicht mehr erwirtschaften. *„Für sie könnte die Umstellung auf ein System der reinen Beitragszusage die bestehenden und sich weiter abzeichnenden Nachfinanzierungsbedarfe deutlich entschärfen"*. Eine entsprechende Umstellung für die betroffenen Arbeitnehmer ginge *„nicht mit einem Eingriff in erdiente und geschützte Besitzstände"* einher, sondern könnte *„ihnen im Gegenteil sogar neue Chancen eröffnen"*, siehe Seite 12 des Rechtsgutachtens.

---

[41] http://www.bmas.de/SharedDocs/Downloads/DE/PDF-Pressemitteilungen/2016/rechtsgutachten-sozialpartnermodell-betriebsrente.pdf;jsessionid=47F06FDCF3A34DEA8FC72FCB9A4C6F99?__blob=publicationFile&v=1

Ob die **reine Beitragszusage** erstrebenswert ist, wurde allerdings von Anfang an unterschiedlich beurteilt. Das Anlagerisiko wird bei dieser Versorgungszusage vom Arbeitgeber auf den Arbeitnehmer verlagert. Wo Chancen sind, sind auch Risiken. Der Arbeitnehmer hat bei der reinen Beitragszusage das Risiko, dass gerade bei Rentenbeginn der Aktienmarkt am Boden liegt. Die betriebliche Altersversorgung ist bei dieser neuen Art der Zusage kein verlässlicher „Rechenposten" für den Ruhestand mehr.

Arbeitgebervertreter sahen dies verständlicherweise anders. So äußerte sich Peer-Michael Dick, Hauptgeschäftsführer des Arbeitgeberverbandes Südwestmetall, gegenüber dem Handelsblatt bereits am 16.6.2016 („Metallarbeitgeber unterstützen Nahles-Plan zur Betriebsrente") zustimmend zum Sozialpartnermodell und der reinen Beitragszusage mit den folgenden Worten: *„Dies bedeutet für das einzelne Unternehmen, dass es mit der Überweisung des Beitrags den Job erledigt hat. Pay and forget ist ein echtes Angebot der Politik. Wir sind nämlich gebrannte Kinder, was die Finanzierungsrisiken von Betriebsrenten angeht. Es gibt schon Gerichtsurteile zur Haftung des Arbeitgebers, wenn die Pensionskasse satzungsgemäß Leistungen kürzt".*

Es handelt sich bei der mit Verabschiedung des Betriebsrentenstärkungsgesetzes ab 2018 nun erstmals in Deutschland möglichen reinen Beitragszusage (pay and forget) in Wahrheit um einen **Paradigmenwechsel**, der einher geht mit einem vollständigen Garantieverzicht und einer Enthaftung des Arbeitgebers. Statt garantierter Betriebsrenten soll es künftig nur noch unverbindliche **Zielrenten** geben.

Für die neue Betriebsrente gilt dann nicht mehr der Satz „Die Rente ist sicher", wie er seinerzeit von Ex-Bundesarbeitsminister Norbert Blüm für die gesetzliche Rente formuliert und in Vertriebsschulungen für Versicherungsvertreter und –makler unzählige Male spöttisch wiederholt wurde.

Ironie der Geschichte: Nach der Einführung der gesetzlichen Rentengarantie im Jahr 2008 ist die gesetzliche Rente insofern tatsächlich sicher, als der aktuelle Rentenwert in der gesetzlichen Rentenversicherung nicht sinken darf und daher auch nicht die gesetzliche Rente brutto.

Ab 2018, also zehn Jahre später, wird eine solche Rentengarantie für die neue Betriebsrente aber aufgehoben. Die neue Betriebsrente ist eben nicht mehr garantiert und daher auch nicht mehr sicher.

Hinzu kommt, dass eine einmalige Kapitalauszahlung nunmehr ausgeschlossen ist. Sofern eine reine Beitragszusage vorliegt, sind ausschließlich lebenslange Renten möglich. Das Versorgungskapital muss daher nach der neuen Pensionsfonds-Aufsichtsverordnung immer verrentet werden.[42]

Reine Beitragszusagen und Zielrenten ab 2018

Bei Neuabschlüssen ab 2018 ist davon auszugehen, dass immer mehr Arbeitgeber von der bisherigen Leistungszusage oder Beitragszusage mit Mindestleistung abrücken und künftig nur noch eine **reine Beitragszusage**[43] abgeben. Nach Zahlung der Beiträge an einen externen Versorgungsträger (Direktversicherung, Pensionskasse oder Pensionsfonds) wird der Unternehmer künftig von der Haftung für Höhe und Zahlung der Betriebsrenten befreit.

Er kann sich dadurch im Prinzip sämtlicher weiterer Pflichten erledigen gemäß dem Prinzip „pay and forget". Eine Einstandspflicht bei gekürzten Leistungszusagen kommt nicht mehr auf ihn zu. So vorteilhaft diese Enthaftung für den Unternehmer auch auf der einen Seite ist, so unvorteilhaft kann eine reine Beitragszusage mit einer unverbindlichen Zielrente für **sicherheitsorientierte und risikoaverse Arbeitnehmer** sein.

Richtig ist: Garantien wie bei der beitragsorientierten Leistungszusage oder der Beitragszusage mit Mindestleistung kosten Geld. In einer Niedrigzinsphase müssen die Versorgungsträger hohe finanzielle Mittel in wenig rentierliche Zinsanlagen stecken, damit zumindest die Beitrags- bzw. Kapitalerhaltungsgarantie aufrecht erhalten werden kann. Für chancenreiche, aber auch riskantere Anlagen in Aktien, Immobilien oder alterna-

---

[42] § 36 PFAF NEU ab 01.01.2018

[43] § 1 Abs. 2 Nr. 2a BetrAVG NEU ab 01.01.2018

tiven Investments (zum Beispiel Infrastrukturanlagen) bleibt dann zu wenig Geld übrig.

Bei einem **Garantieverzicht** trifft das genaue Gegenteil zu. Nunmehr kann eine professionelle Anlagemischung (Diversifikation) erfolgen mit dem Ziel einer attraktiven Rendite. In Niedrigzinsphasen wird dann der weitaus größere Anteil auf Sachwertanlagen wie Aktien, Immobilien und alternative Investments entfallen. Nur ein kleinerer Anteil wird in Zinsanlagen wie Anleihen und andere festverzinsliche Wertpapiere investiert.

Selbstverständlich kommen statt Direktanlagen in Anleihen, Aktien und Immobilien auch Investmentfonds in Betracht. Möglicherweise finden auch Aktienindexfonds in Form der immer beliebter werdenden ETF's (Exchange Trading Fund) ihren Platz. Eine auf Fonds konzentrierte Anlagemischung würde dem von drei hessischen Ministern empfohlenen – allerdings staatlich organisierten – Deutschlandfonds nahe kommen, vergleichbar mit den Staatsfonds in Schweden und Norwegen.

Für **chancenorientierte und risikofreudige Arbeitnehmer** kann die „neue" Betriebsrente mit reiner Beitragszusage und Garantieverzicht also durchaus mehr an Rendite bringen. Den höheren Chancen stehen aber auch höhere Risiken gegenüber. Je höher die Renditeerwartung, desto höher ist bekanntlich auch das Risiko.

Fatal wäre es, wenn die Verrentung des aufgebauten Versorgungskapitals ausgerechnet in eine Phase sinkender Aktienkurse (Baisse) und abbröckelnder Immobilienpreise nach dem Platzen der Immobilienblase fallen würde. Diese Gefahr ist angesichts der stark angestiegenen Aktienkurse und Immobilienpreise zumindest in den nächsten Jahren durchaus gegeben.

Es kommt also nicht nur auf die **Anlagementalität** der Arbeitnehmer an, ob die „neue" Betriebsrente ein Erfolg für sie werden kann. Auch das **Einstiegsalter** in die „neue" Betriebsrente spielt eine große Rolle. Jüngere bis zu einem Alter von beispielsweise 45 Jahren (Gruppe „U 45") können Kurs- und Preiseinbrüche auf den Aktien- und Immobilienmärkten einfach aussitzen und auf höhere Aktienkurse und Immobilienpreise danach hoffen. Für ältere Arbeitnehmer ab 55 Jahren (Gruppe „55plus") dürfte dies schwieriger sein. Hinzu kommt, dass gerade diese Gruppe stärker sicherheitsorientiert ist und daher der „neuen" Betriebsrente reservierter gegenüber stehen wird als die Jüngeren.

Nach einer Umfrage des weltweit agierenden Consulting-Unternehmens **Aon Hewitt** unter 1.000 deutschen Arbeitnehmern stimmen beim Thema Altersvorsorge 41 Prozent der Aussage „Sicherheit geht mir in jedem Fall vor". Bei den 55- bis 65-Jährigen waren es 53 Prozent und nur bei den unter 20-Jährigen lediglich 13 Prozent der befragten Arbeitnehmer.[44] Umgekehrt pflichteten insgesamt nur 26 Prozent der Aussage „Ein gewisses Risiko würde ich in Kauf nehmen" bei. Dies meinten 41 Prozent der unter 25-Jährigen, aber nur 22 Prozent der 55- bis 65-Jährigen. Die Umfrage belegt die bekannte Tatsache, dass die Sicherheitsorientierung über Garantien typisch für Ältere und die Chancenorientierung mit höherem Risikobewusstsein typisch für Jüngere ist.

Höhe von Versorgungskapital und Zielrente

Auf die Tarifparteien und Versorgungsträger, die bei der Entgeltumwandlung ab 2018 auf die reine Beitragszusage mit unverbindlichen Zielrenten setzen, kommt eine große Verantwortung zu. Es darf nicht sein, dass viel zu optimistisch angesetzte Versorgungskapitalien und Zielrenten in Aussicht gestellt werden.

Das Betriebsrentenstärkungsgesetz will trotz reiner Beitragszusagen und Garantieverzicht einen gewissen Mindestschutz für die Arbeitnehmer sicherstellen. Ziel ist ein hohes Maß an Sicherheit ohne formale Garantie.

In den Tarifverträgen soll vereinbart werden, dass die Arbeitgeber einen **Sicherungsbeitrag** zur Absicherung der reinen Beitragszusage leisten.[45] Dies ist aber nur eine Sollvorschrift. Die Höhe des Sicherungsbeitrags sowie dessen konkrete Verwendung legt das Gesetz nicht fest. So-

---

[44] http://www.lbav.de/angst-essen-rente-auf/#more-14023
[45] § 23 Abs. 1 BetrAVG NEU ab 01.01.2018

fern er aber geleistet wird, soll damit ein Sicherheitspuffer für die Rentenansprüche bei Schwankungen an den Kapitalmärkten gebildet werden.

In der Ansparphase kann ein weiterer Sicherheitspuffer gebildet werden, indem nicht alle Beiträge und daraus erzielenden Erträge den einzelnen Arbeitnehmern, sondern einem Kollektiv von Arbeitnehmern zugeordnet werden. Dadurch soll eine Glättung des Versorgungskapitals möglich sein, wenn die Kapitalmärkte stark schwanken.

Das **Versorgungskapital** zum Ende der Ansparphase bzw. der Beitragsdauer wird aus der erwarteten Rendite für die Kapitalanlagen ermittelt. Für die daraus zu ermittelnden **Zielrenten** sind laut BaFin einige Vorgaben zu beachten.[46]

So soll laut **Pensionsfonds-Aufsichtsverordnung (PFAV)** der Kapitaldeckungsgrad zwischen 100 und 125 Prozent liegen, ansonsten erfolgt eine Anpassung der laufenden Renten nach oben beim Überschreiten von 125 Prozent bzw. nach unten beim Unterschreiten von 100 Prozent.[47] Unter dem **Kapitaldeckungsgrad** ist das Verhältnis von Zeitwert des Versorgungskapitals und Barwert der Renten anhand der erwarteten Rendite aus den Kapitalanlagen zu verstehen. Abschläge bei der erwarteten Rendite sollen einen weiteren Sicherheitspuffer bilden.

Die Aufsichtsverordnung mit ihrer Fülle von Vorschriften für die Höhe des Kapitaldeckungsgrades, die anfängliche Höhe der lebenslangen Rente und das Risikomanagement bezieht sich vom Namen her zwar auf Pensionsfonds. Sie gilt aber auch für Direktversicherungen und Pensionskassen mit Angeboten zur „neuen" Betriebsrente. Vermutlich werden aber ganz besonders Pensionsfonds, die im Bereich der betrieblichen Altersversorgung durch Entgeltumwandlung typischerweise höhere Chancen und Risiken bieten, auf den Zug der reinen Beitragszusage mit Angabe von Zielrenten aufspringen.

---

[46] https://www.bafin.de/SharedDocs/Downloads/DE/BaFinJournal/2017/bj_17 07.pdf

[47] §§ 36 und 38 PFAF NEU ab 01.01.2018

Die Rolle der BaFin beschränkt sich, da es bei der „neuen" Betriebsrente keine Garantien mehr gibt, auf die Kontrolle, ob die tarifvertraglich vereinbarten Regelungen und die aufsichtsrechtlichen Vorgaben eingehalten werden. Nur wenn dies nicht der Fall ist, greift die BaFin ein.

Die Versorgungseinrichtungen müssen für die Kapitalanlage bei reiner Beitragszusage einen gesonderten Anlagestock (Sicherungsvermögen) einrichten. Ein einheitlicher Katalog von zulässigen Anlageformen und Regelungen zur Streuung des Vermögens muss ebenfalls vorliegen. Die Rente wird anhand der zugrunde gelegten Verzinsung ermittelt.

Künftig zu erwartende Zielrenten

Noch liegen keine offiziellen Zielrenten vor. Zwar haben die fünf Lebensversicherer Barmenia, Debeka, Gothaer, HuK-Coburg und Stuttgarter am 1.6.2017, dem Tag der Verabschiedung des Betriebsrentenstärkungsgesetzes, ihr gemeinsames Projekt „**Das Rentenwerk**" aus der Taufe gehoben. Details über künftig zu erwartende Zielrenten sind aber auf ihrer Homepage[48] nicht zu erfahren.

Paul Steiner, Vorstandsmitglied der Debeka, hofft auf erste Vereinbarungen mit den Tarifparteien ab 2018. Ab Mitte 2018 könnten Arbeitnehmer dann Verträge über die „neue" Betriebsrente mit ihren Arbeitgebern abschließen, betont er in einem Interview.[49]

Aon Hewitt hat erste Hochrechnungen für mögliche Zielrenten vorgelegt. Bei einem jährlichen Beitrag von 1.000 Euro und einer Beitragsdauer von 35 Jahren vom 30. bis zum 65. Lebensjahr könnte die Zielrente bei jährlich 4.000 Euro liegen. Im Vergleich dazu läge die garantierte Betriebsrente mit einem Garantiezins von 0,9 Prozent nur bei 1.615 Euro und die mögliche Betriebsrente bei 2.209 Euro.[50]

---

[48] www.rentenwerk.de

[49] https://www.versicherungsbote.de/id/4857320/Rentenwerk-
Tarifpartnermodell-Interview-Debeka-
/?PHPSESSID=9kbv7g4ih5v0ngqq6f85cg72d5

[50] http://www.lbav.de/angst-essen-rente-auf/#more-14023

Die Dienstleistungsgewerkschaft Verdi möchte so schnell wie möglich den ersten Tarifvertrag über die „neue" Betriebsrente mit den Arbeitgebern abschließen und mit der „ver.di-Rente" diesmal schneller sein als seinerzeit die IG Metall mit ihrer MetallRente. Die „ver.di-Musterverträge zur betrieblichen Altersversorgung" sollen dann die Arbeitnehmer motivieren, neue Verträge abzuschließen. Allerdings favorisiert Verdi nicht die Entgeltumwandlung an erster Stelle, sondern die betriebliche Riester-Rente (siehe Kapitel 3), von Verdi auch „Betriebs-Riester" genannt.

Da zurzeit noch keine konkreten Zahlen von Anbietern über künftige Zielrenten vorliegen können, soll an einer grob vereinfachten Beispielrechnung mal erklärt werden, wie hoch die Zielrente in einem Musterfall aussehen könnte.

Hier zunächst der Musterfall: Ein Arbeitnehmer zahlt 25 Jahre lang monatlich 200 Euro brutto für die „neue" Betriebsrente aus Entgeltumwandlung ein. Die Beitragssumme macht somit 60.000 Euro aus. Ab Rentenbeginn soll die fernere Lebenserwartung ebenfalls 25 Jahre ausmachen.

Ziel soll es sein, eine Rentensumme von deutlich mehr als 60.000 Euro zu erhalten, was mit der „alten" garantierten Betriebsrente infolge der zinslastigen Anlagestruktur und der anhaltenden Niedrigzinsphase zurzeit gar nicht möglich ist. Bestenfalls würde die garantierte Betriebsrente ebenfalls 200 Euro ausmachen.

Bei einer erwarteten Rendite von 4 Prozent errechnet sich ein Versorgungskapital von rund 102.000 Euro, das zur Verrentung bereit steht und so hoch wie der Barwert der künftigen Renten sein soll. Sofern auch in der Rentenphase mit einer Verzinsung von 4 Prozent gerechnet wird, liegt die monatliche Zielrente bei 533 Euro. Dies ist immerhin mehr als das Doppelte im Vergleich zur „alten" garantierten Betriebsrente. Selbst eine mögliche Betriebsrente alter Art von beispielsweise 370 Euro bei einer laufenden Verzinsung von 2,5 Prozent in der Anspar- und Rentenphase läge noch rund 30 Prozent darunter.

Gibt man sich bei der Renditeerwartung mit 3 Prozent für das Versorgungskapital und die daraus ermittelte Rente zufrieden, errechnet sich eine monatliche Zielrente von 419 Euro. Im pessimistischen Fall mit nur 2 bzw. 1 Prozent oder gar null Prozent Rendite rutscht die Zielrente auf monatlich 328 bzw. 256 Euro oder auf 200 Euro.

Bei den künftigen Zielrenten sollten daher **Szenarien bzw. Varianten** für unterschiedliche Renditen, Versorgungskapitalien und Zielrenten erstellt werden. Die **obere Renditevariante** sollte dabei nicht über 4 oder 5 Prozent nach Kosten pro Jahr hinausgehen.

Die **mittlere Renditevariante** könnte von 3 bzw. 2 Prozent nach Kosten ausgehen. Auch **untere Renditevarianten** wie 1 bzw. 0 Prozent sollten Eingang finden. Um die möglichen Risiken zu verdeutlichen, könnten zudem auch **negative Renditen** von beispielsweise minus 1 bzw. minus 2 Prozent angegeben werden, da es bei der „neuen" Betriebsrente keine Garantien mehr gibt.

Die Renditeszenarien müssten darüber hinaus je nach Beitragsdauer differenziert werden. Bei einer langen Beitragsdauer von 30 Jahren und mehr kann die Spanne zwischen oberer und unterer Renditevariante deutlich geringer sein als bei einer kurzen Beitragsdauer von 20 Jahren und weniger. Negative Renditen wären dann so gut wie ausgeschlossen.

3. MEHR BETRIEBLICHE RIESTER-RENTE

Bisher wurde die Riester-Rente im Rahmen der betrieblichen Altersversorgung kaum genutzt. Laut Alterssicherungsbericht 2016 der Bundesregierung entschieden sich nur 1 bis 3 Prozent der sozialversicherungspflichtig beschäftigten Arbeitnehmer in der Privatwirtschaft und damit im Durchschnitt nur rund 500.000 für die betriebliche Riester-Rente.

Lediglich bei den Angestellten im öffentlichen und kirchlichen Dienst gab es mit rund 5,2 Prozent der aktiv Pflichtversicherten und damit zusätzlich 280.000 freiwillig Versicherten relativ mehr Anwartschaften auf eine betriebliche Riester-Rente. Bei der VBL (Versorgungsanstalt des Bundes und der Länder) mit 1,8 Mio. Pflichtversicherten in der Zusatzversorgung des öffentlichen Dienstes dürften es allein rund 100.000 sein.

Diese relativ geringe Verbreitung der betrieblichen Riester-Rente ist auf den vollen Beitrag zur gesetzlichen Kranken- und Pflegeversicherung zurückzuführen. Mit dem Wegfall dieser Doppelverbeitragung ab 2018 und gleichzeitiger Einführung eines betrieblichen Förderbetrages von bis zu 480 Euro im Jahr für Geringverdiener wird die betriebliche Riester-Rente attraktiver und dürfte allein schon wegen der deutlich geringeren Kosten der privaten Riester-Rente künftig überlegen sein.

3.1. KEINE DOPPELVERBREITRAGUNG FÜR RIESTER-RENTEN AB 2018

Bis Ende 2017 müssen alle gesetzlich krankenversicherten Betriebsrentner den vollen Beitrag zur gesetzlichen Kranken- und Pflegeversicherung in Höhe von bis zu 18,5 Prozent der Brutto-Betriebsrente zahlen, auch wenn sie die Beiträge zur betrieblichen Riester-Rente aus ihrem bereits verbeitragten Lohn aufgebracht haben. Damit werden sie ein zweites Mal zur Kasse gebeten.

Diese **Doppelverbeitragung** entfällt für betriebliche Riester-Renten ab 2018 völlig. Möglich wird dies durch eine kleine Ergänzung im Sechsten Sozialgesetzbuch über die gesetzliche Krankenversicherung.[51] Alle Renten der betrieblichen Altersversorgung einschließlich der Zusatzversorgung im öffentlichen Dienst sind bis Ende 2017 beitragspflichtige Einnahmen. Ab 1.1.2018 lautet die Einschränkung *„außer Betracht bleiben Leistungen aus Altersvorsorgevermögen im Sinne des § 92 des Einkommensteuergesetzes"*. Dieser Paragraf 92 des Einkommensteuergesetzes verpflichtet die Anbieter von Riester-Renten, den Riester-Sparern eine Bescheinigung über die Zulageberechtigung auszustellen. Also werden betriebliche Riester-Renten ab Inkrafttreten dieser Neuregelung künftig von Beiträgen zur gesetzlichen Kranken- und Pflegeversicherung befreit.

Somit werden betriebliche Riester-Renten ab 2018 mit privaten Riester-Renten aus Beitragssicht völlig gleichgestellt. Gesetzlich krankenversicherte Betriebs-Riester-Rentner müssen keine Beiträge zur gesetzlichen Kranken- und Pflegeversicherung mehr entrichten, sofern sie nicht ausnahmsweise freiwillig in der gesetzlichen Krankenkasse versichert sind. Für privat krankenversicherte Riester-Rentner kommt eine Beitragspflicht ohnehin nicht infrage.

Die für alle künftigen betrieblichen Riester-Rentner erfreuliche Nachricht wird auf Seite 46 eines Entwurfs zum Betriebsrentenstärkungsgesetz[52] plausibel begründet. Da Beiträge zur betrieblichen Riester-Rente in der Einzahlungsphase aus dem Nettogehalt der Beschäftigten stammen (sog. Nettoentgeltumwandlung), stelle die ab 2004 geltende Beitragspflicht zur gesetzlichen Kranken- und Pflegeversicherung in der Auszahlungsphase eine **doppelte Verbeitragung** dar. Wörtlich heißt es weiter: *„In der Folge sind betriebliche Riester-Renten gegenüber privaten Riester-Renten aufgrund der Beitragsabführung zur KV/PV sowohl in der Anspar- als*

---

[51] § 229 Abs. 1 Satz 1 Nr. 5 SGB VI NEU ab 01.01.2018

[52] http://dipbt.bundestag.de/dip21/brd/2016/0780-16.pdf

auch in der Auszahlungsphase aus ökonomischer Betrachtung nicht mehr zu empfehlen"

Erstaunlich, dass es 16 Jahre gedauert hat, bis sich diese richtige Erkenntnis auch beim Gesetzgeber durchgesetzt hat. Noch erstaunlicher ist es, dass die Anbieter von betrieblichen Riester-Renten bis heute nichts dergleichen von sich gegeben haben, obwohl Fachmedien seit Jahren genau aus diesem Grund vom Abschluss von betrieblichen Riester-Renten abgeraten haben.

Ganz offensichtlich ist die Umkehr des Gesetzgebers durch das im Auftrag des Bundesministeriums der Finanzen (BMF) von Professor Kiesewetter erstellten **Gutachtens** „Optimierungsmöglichkeiten bei den Förderregelungen der betrieblichen Altersversorgung"[53] erfolgt. Darin wurde eindringlich auf das Problem der Doppelverbeitragung von Riester-Renten hingewiesen. Diese müsse unbedingt abgeschafft werden, da der „Doppelzugriff ökonomisch nicht gerechtfertigt" sei.

Professor Kiesewetter von der Universität Würzburg schlug vor, entweder die betrieblichen Riester-Beiträge sozialabgabenfrei zu stellen bei weiter bestehender Beitragspflicht in der Rentenphase (sog. nachgelagerte Verbeitragung) oder die betrieblichen Riester-Renten wie die privaten Riester-Renten beitragsfrei zu stellen bei weiter bestehender Beitragspflicht in der Ansparphase (sog. vorgelagerte Verbeitragung). Da sich der Gesetzgeber nun für die zweite Alternative entschieden hat, werden betriebliche Riester-Renten künftig den privaten Riester-Renten sozialversicherungsrechtlich völlig gleichgestellt. Die bisherige Ungleichbehandlung entfällt damit. Soweit die positive Nachricht.

Mit der sozialversicherungsrechtlichen Gleichstellung von betrieblicher und privater Riester-Rente ab 2018 wird es möglicherweise zu einer Renaissance der bisherigen betrieblichen Riester-Rente kommen, die bisher eher ein stiefmütterliches Dasein fristet. Hauptgrund für eine mögli-

---

[53]http://www.bundesfinanzministerium.de/Content/DE/Standardartikel/Them en/Steuern/Weitere_Steuerthemen/Altersvorsorge/2016-04-15-Optimierungsmoeglichkeiten-Foerderregelungen-betriebliche-Altersversorgung-Gutachten.pdf

che Wiederbelebung ist die Tatsache, dass bei ihr die Abschluss- und Verwaltungskosten deutlich niedriger liegen im Vergleich zu zehn und mehr Prozent bei der privaten Riester-Rente.

Da der Wegfall der Doppelverbeitragung ab 2018 auch für bestehende Verträge zur betrieblichen Riester-Rente gilt, kommen alle künftigen Betriebs-Riester-Rentner mit einem blauen Auge davon. Der Zahlbetrag für ihre betriebliche Riester-Rente steigt im Vergleich zu den Bestandsrentnern mit Betriebs-Riester um 23 Prozent.

Ein einfacher Vergleich für eine monatliche Betriebs-Riester-Rente von beispielsweise 200 Euro brutto zeigt dies: Bei den Bestandsrentnern werden 37 Euro als Beitrag zur gesetzlichen Kranken- und Pflegeversicherung abgezogen, so dass ihnen nur ein Zahlbetrag von 163 Euro verbleibt. Nur bei einer monatlichen Betriebsrente bis zu 148,75 Euro fallen bei bereits bis Ende 2017 bezogenen Betriebs-Riester-Renten keine Pflichtbeiträge zur gesetzlichen Kranken- und Pflegekasse an.

Neurentner ab 2018 ohne Beitragspflicht bei der betrieblichen Riester-Rente bekommen aber 200 Euro auch ausgezahlt, dies sind 23 Prozent mehr im Vergleich zu den genannten 163 Euro. Relativ hohe Betriebs-Riester-Renten von 200 Euro und mehr sind ab 2018 durchaus möglich, wenn es sich um Riester-Sparer handelt, die von 2008 bis 2018 immer den höchsten Riester-Beitrag von 2.100 Euro pro Jahr einschließlich der Riester-Zulagen gezahlt haben und beispielsweise bei der VBL nach Tarif VBLextra02 eine garantierte betriebliche Riester-Rente von brutto 237 Euro erhalten.

Rentenaufschub lohnt sich

Betriebs-Riester-Sparer der ersten Stunde, die bei der VBL ab 2002 bis 2018 die jeweils höchsten Riester-Beiträge inkl. Zulagen nach Tarif VBLextra01 entrichtet haben, können sogar mit einer garantierten Riester-Rente von 432 Euro rechnen. Sofern der Riester-Vertrag planmäßig noch in 2017 ausläuft, sollte man die erste Auszahlung auf den 1. Januar 2018 verschieben. Schließlich spart man dadurch immerhin 80 Euro jeden Monat an Beiträgen zur gesetzlichen Kranken- und Pflegekasse.

Betriebsrenten aus freiwilligen Versicherungen beginnen wie Zusatz-renten aus Pflichtversicherungen im öffentlichen Dienst allerdings immer mit dem Bezug der gesetzlichen Rente. Sollte diese bereits in 2017 beginnen, sollte man auch den Beginn der gesetzlichen Renten auf 2018 verschieben. Dies ist ohne weiteres möglich und führt, sofern es sich um die Regelaltersrente handelt, sogar zu einem Rentenzuschlag von 0,5 Prozent bei der gesetzlichen Rente für jeden Monat, der über den Beginn der Regelaltersrente hinausgeht. Der insofern doppelte Rentenaufschub lohnt sich.

Wer die betriebliche Riester-Rente bereits vertragsgemäß ab 2018 oder später bezieht, kann auf den Rentenaufschub verzichten. Dasselbe gilt selbstverständlich für alle neuen Riester-Sparer, die erst ab 2018 einen Vertrag über die betriebliche Riester-Rente abschließen.

Niedrigere Kosten bei Betriebs-Riester

Die Verwaltungskosten für Verträge zur betrieblichen Riester-Rente liegen deutlich niedriger im Vergleich zur privaten Riester-Rente. Abschlusskosten durch hohe Provisionen fallen gar nicht an. Auf diesen Kostenvorteil, der bei sonst gleichen Voraussetzungen zu einer höheren betrieblichen Riester-Rente führt, macht auch ein Hinweis im Gesetzentwurf zum Betriebsrentenstärkungsgesetz aufmerksam. Dort ist vom „Effizienzkollektiv organisierter Gruppenverträge" die Rede. Jeder weiß, dass Gruppentarife unter Kostengesichtspunkten zu günstigeren Tarifen führen.

Sollten die Verwaltungskosten bei betrieblichen Riester-Verträgen unter zwei Prozent liegen und etwa nur so hoch sein bei der Deutschen Rentenversicherung oder den Zusatzversorgungskassen, würde dies zusammen mit dem Wegfall der Doppelverbeitragung die betriebliche Riester-Rente deutlich attraktiver machen und möglicherweise einen regelrechten Schub auslösen. Dies wird insbesondere für Geringverdiener mit einem monatlichen Bruttogehalt bis 2.200 Euro gelten, die von einem ab 2018 neu eingeführten zusätzlichen Förderbetrag von bis zu 480 Euro profitieren, der zu der auf 175 Euro erhöhten Riester-Grundlage noch hinzukommt.

3.2. HÖHERE FÖRDERUNG FÜR RIESTER-BEITRÄGE VON GERINGVERDIENERN

Für Geringverdiener mit bis zu 2.200 Euro brutto im Monat wird die betriebliche Riester-Rente ab 2018 mit ziemlicher Sicherheit die bessere Alternative sein als die private Riester-Rente und wohl auch die sozialabgaben- und steuerfreie Entgeltumwandlung.

Zusätzlicher Arbeitgeberzuschuss für Geringverdiener

Grund ist die Einführung eines zusätzlichen Förderbetrags von 30 Prozent des zusätzlichen Arbeitgeberzuschusses von mindestens 240 Euro und höchstens 480 Euro jährlich.[54] Dieser zusätzliche Arbeitgeberzuschuss von monatlich 20 bis 40 Euro kommt direkt den Geringverdienern zugute. Der Arbeitgeber kann den Förderbetrag von 30 Prozent, also zwischen 72 und 144 Euro jährlich, direkt von seiner zu zahlenden Lohnsteuerlast abziehen.

Wer beispielsweise nur 2.000 Euro brutto im Monat verdient, muss 4 Prozent von 2.000 Euro und damit 80 Euro monatlich inkl. Riester-Zulage zahlen, um die vollen Riester-Zulagen zu bekommen. Erhält er nur die ab 2018 von bisher 154 auf nunmehr 175 erhöhte Grundzulage pro Jahr bzw. 14,58 Euro im Monat, liegt sein monatlicher Eigenbeitrag bei 65,42 Euro. Investiert werden aber einschließlich Arbeitgeberzuschuss von 40 Euro insgesamt 120 Euro in den betrieblichen Riester-Vertrag. Somit liegt der selbst aufgebrachte Eigenanteil nur bei 55 Prozent.

Auch die Allianz Versicherung spricht davon, dass die „Riester-Förderung für Arbeitnehmer mit geringerem Einkommen möglicherweise interessanter als die Förderung nach § 3 Nr. 63 EStG" und damit attraktiver als die steuerfreie Entgeltumwandlung sein kann.

---

[54] § 100 Abs. 2 und 3 EStG NEU ab 01.01.2018

Oft zusätzliche Steuerersparnis für Durchschnitts- und Höherverdiener

Bei einem Durchschnittsverdiener mit einem monatlichen Bruttogehalt von 3.000 Euro brutto entfällt der zusätzliche Arbeitgeberbeitrag von bis zu 40 Euro im Monat. Wenn er 4 Prozent von 3.000 Euro und damit ebenfalls 120 Euro monatlich inkl. Riester-Zulage in die betriebliche Riester-Rente investiert, steigt der monatliche Eigenbeitrag nach Abzug der Grundzulage von 14,58 Euro immerhin auf 105,42 Euro und macht 88 Prozent von 120 Euro aus. Die betriebliche Riester-Rente wird aber genauso hoch sein wie beim Geringverdiener mit 2.000 Euro brutto im Monat.

Andererseits wird er über die Riester-Grundzulage hinaus eine zusätzliche Steuerersparnis erhalten. Vor allem Höherverdiener mit einem monatlichen Bruttogehalt von 4.375 Euro und mehr, die monatlich 175 Euro inkl. Riester-Zulage in die betriebliche Riester-Rente einzahlen, werden davon profitieren. Dies gilt insbesondere für alleinstehende Höherverdiener ohne Kinder, die nur Anspruch auf die Riester-Grundzulage von jährlich 175 Euro haben.

Meist keine Anrechnung der Riester-Rente auf die Grundsicherung

Bis zu 204,50 Euro Riester-Rente werden künftig nicht mehr auf die Grundsicherung angerechnet. Dies regelt ein neu eingeführter Paragraf im Zwölften Gesetzbuch über die Sozialhilfe.[55] Danach bleibt ein Sockelbetrag von 100 Euro grundsätzlich anrechnungsfrei. Von dem darüber hinaus liegenden Teil der Riester-Rente werden 30 Prozent nicht auf die Grundsicherung angerechnet, höchstens aber insgesamt 50 Prozent der Regelbedarfsstufe 1.[56] Im Jahr 2016 waren es 202 Euro und in 2017 bereits 204,50 Euro, da der Regelbedarf für Hartz IV in Stufe 1 bei 409 Euro lag.

Da diese anrechnungsfreien Teile der Riester-Rente zusammen mit den Hartz-IV-Sätzen für den Regelbedarf jährlich dynamisiert werden, erfolgt bei Riester-Rentnern künftig in den weitaus meisten Fällen überhaupt keine Anrechnung mehr auf die Grundsicherung.

---

[55] § 82 Abs. 4 und 5 SGB XII NEU ab 01.01.2018

[56] siehe Anlage zu § 28 SGB XII

Zwei Nachteile im Vergleich zur privaten Riester-Rente

Die betriebliche Riester-Rente ohne Doppelverbeitragung hat im Vergleich zur privaten Riester-Rente nur zwei Nachteile. Erstens gibt es keine Zulagen für nicht berufstätige Ehegatten, die bei der privaten Riester-Rente als mittelbar föderberechtigte Personen zumindest die Riester-Grundzulage erhalten, sofern sie den Mindesteigenbeitrag von 60 Euro jährlich einzahlen. Für Ledige oder sozialversicherungspflichtig beschäftigte Ehegatten, die beide Anspruch auf eine Riester-Förderung haben, wirkt sich dieser Nachteil allerdings nicht aus.

Zweitens kann das aus der betrieblichen Riester-Rente stammende Riester-Kapital nicht für die Finanzierung eines Eigenheims verwandt werden. Der Betriebs-Riester schließt somit – im Gegensatz zum privaten Riester – einen nachfolgenden Wohn-Riester-Vertrag aus. Auch dies kann kein Nachteil sein für Arbeitnehmer, die bereits ein Eigenheim besitzen oder künftig mit ziemlicher Sicherheit kein Eigenheim erwerben werden.

3.3. Garantierte und mögliche Riester-Renten oder Zielrenten

Für die private Riester-Rente gilt weiterhin die Beitrags- bzw. Kapitalerhaltungsgarantie. Danach muss das Riester-Kapital bei Rentenbeginn mindestens so hoch sein wie die Summe aus Eigenbeiträgen und Riester-Zulagen. Dies ist im Altersvorsorge-Zertifizierungsgesetz so geregelt. De facto kann es bei privaten Riester-Verträgen, die bis zum Rentenbeginn durchgehalten werden, also keine Verluste geben.

Diese Garantien wird es auch für ab 2018 neu abgeschlossene Verträge zur betrieblichen Riester-Rente geben, sofern es wie bisher bei der Beitragszusage mit Mindestleistung verbleibt. Wird der Betriebs-Riester jedoch nach dem Sozialpartnermodell im Tarifvertrag vereinbart, führt dies zwingend zu einer reinen Beitragszusage und damit zu einem Garantieverzicht. Grund: Verträge zur betrieblichen Riester-Rente sind nicht zertifizierungspflichtig und können daher auf die Beitragsgarantie verzichten.

Garantierte und mögliche betriebliche Riester-Renten

Für betriebliche Riester-Renten gibt es wie bei privaten Riester-Rentenversicherungen ab 2017 typischerweise nur noch einen Garantiezins von 0,9 Prozent. Dies führt bei den privaten Riester-Renten unter Berücksichtigung von Abschluss- und Verwaltungskosten dazu, dass die Beitragsgarantie nur noch bei recht langen Laufzeiten erfüllt werden kann. Einige Anbieter haben sich sogar ganz aus dem Geschäft mit privaten Riester-Rentenversicherungen zurückgezogen.

Bei betrieblichen Riester-Rentenversicherungen ist dies nicht erfolgt, da der Garantiezins von 0,9 Prozent nicht durch hohe Abschluss- und Verwaltungskosten aufgefressen wird. Bei der VBL gilt dies sogar für einen Garantiezins von nur noch 0,25 Prozent, wie er bei Neuabschlüssen ab 1.3.2016 angeboten wird.

Es gibt sogar noch Angebote zur **PlusPunktRente** von anderen Zusatzversorgungskassen mit Garantiezinsen über 0,9 Prozent. Die rund 700.000 Angestellten bei den Kommunen in Bayern und der Pfalz, die über die Zusatzversorgungskasse der bayerischen Gemeinden pflichtversichert sind, können sich beispielsweise zurzeit noch über einen Garantiezins von 2,25 Prozent für betriebliche Riester-Verträge freuen.

Hierzu ein Beispiel: Wer heute 53 Jahre alt ist und noch 14 Jahre bis zum Erreichen seiner Regelaltersgrenze von 67 Jahren in 2031 einen monatlichen Beitrag von 175 Euro inkl. Zulage in die PlusPunktRente bei der Zusatzversorgungskasse der bayerischen Gemeinden investiert, kann mit einer garantierten betrieblichen Riester-Rente von monatlich 170 Euro rechnen. Unter Einschluss einer Hinterbliebenenabsicherung wären es noch garantiert 153 Euro. Die möglichen Riester-Renten liegen angesichts der anhaltenden Niedrigzinsphase mit 173 bzw. 156 Euro nur geringfügig darüber.

Ein Vergleich von Beitragssumme und garantierter Rentensumme bei einer angenommenen Rentendauer von 20 Jahren zeigt, dass sich ein Abschluss noch in 2017 lohnen könnte, sofern der zurzeit geltende Tarif mit 2,25 Prozent Garantiezins noch bis Ende 2017 bestehen bleibt. Der Beitragssumme von insgesamt 29.400 Euro inkl. Zulagen steht eine garantierte Rentensumme von 40.800 Euro gegenüber. Nach gut 14 Rentenjahren wären die Beiträge inkl. Zulage wieder zurückgeflossen.

Dies ist zwar kein sensationelles Ergebnis, aber nach Wegfall der vollen Beitragspflicht zur gesetzlichen Kranken- und Pflegeversicherung doch noch ganz ordentlich. Würden von der betrieblichen Riester-Rente brutto noch 18,5 Prozent für den Kranken- und Pflegekassenbeitrag abgezogen, läge die Rentensumme nur noch bei 33.250 Euro. In diesem Fall wären die gezahlten Beiträge über die beitragspflichtigen Riester-Renten erst nach knapp 18 Jahren wieder hereingeholt.

Der Wegfall der Doppelverbeitragung ab 2018 beschert den neuen betrieblichen Riester-Rentnern somit einen handfesten finanziellen Vorteil. Ihre Rentensumme ohne Beitragspflicht liegt rund 23 Prozent über der Rentensumme nach Abzug der Beiträge zur gesetzlichen Kranken- und Pflegeversicherung und die Rentendauer, in der die gezahlten Riester-Beiträge inkl. Zulagen wieder zurückgeflossen sind, verkürzt sich um rund vier Jahre.

Vergleich der betrieblichen Riester-Rente mit der Rürup-Rente

Die garantierte betriebliche Riester-Rente ohne Beitragspflicht in der Rentenphase wird die garantierte Rürup-Rente schlagen, sofern bei dem gleichen monatlichen Beitrag von maximal 175 Euro inkl. Zulage auch die gleich hohen monatlichen Bruttorenten garantiert werden.

Die bei Rürup-Renten von der Zeitschrift Finanztest regelmäßig als Testsieger genannte Europa Versicherung garantiert bei monatlicher Zahlung von 175 Euro über 27 Jahre eine Rürup-Rente von 187 Euro brutto. Würde Europa auch Riester-Versicherungen mit der gleichen Leistung anbieten, könnten Riester-Rentner ebenfalls mit einer garantierten Rente von 187 Euro brutto rechnen.

Nach Steuern schneidet die betriebliche Riester-Rente im Vergleich zur Rürup-Rente aber besser ab, sofern man einen persönlichen Steuersatz von 30 Prozent in der Beitragsphase und einen um 10 Prozentpunkte niedrigeren Steuersatz von 20 Prozent in der Rentenphase annimmt.

Der monatliche Riester-Beitrag sinkt auf netto 122 Euro, wobei die Differenz von 53 Euro zum Brutto-Beitrag von 175 Euro aus der Riester-Zulage und der zusätzlichen Steuerersparnis resultiert. Vom Rürup-Beitrag in Höhe von 175 Euro brutto sind in den Jahren 2017 bis 2024 nur 84 bis 98 Prozent steuerlich absetzbar, so dass der Netto-Rürup-Beitrag beispielsweise in 2017 auf 131 Euro steigt und erst ab 2025 auf 122 Euro netto wie beim Riester-Vertrag sinkt.

In der Rentenphase sind dann Nettorenten von jeweils 150 Euro sowohl bei der garantierten betrieblichen Riester-Rente als auch bei der garantierten Rürup-Rente drin. Diese 150 Euro liegen beim Rente-Beitrag-Vergleich immerhin bis zu 23 Prozent über den jeweiligen Nettobeiträgen.

Die betriebliche Riester-Rente schlägt eine Rürup-Rente vor allem dann, wenn die Summe aller Riester-Zulagen über der fiktiven Steuerersparnis bei voller steuerliche Abzugsfähigkeit der Riester-Beiträge liegt. Bei Arbeitnehmern mit zwei ab 2008 geborenen Kindern liegt allein die Summe aus jährlicher Grundzulage von 175 Euro und zwei Kinderzulagen à 300 Euro bei stolzen 775 Euro.

Dies sind immerhin 37 Prozent des höchstmöglichen jährlichen Riester-Beitrags von 2.100 Euro. Alle Arbeitnehmer mit zwei Kindern und einem persönlichen Grenzsteuersatz von unter 37 Prozent zählen also zu den Gewinnern. Sofern sie einen geringeren jährlichen Riester-Beitrag inkl. Zulage leisten, steigt ihr Gewinn sogar noch weiter an. Schließlich bleiben die genannten Riester-Zulagen ungekürzt, wenn genau 4 Prozent des Bruttogehalts inkl. Zulage eingezahlt werden.

Liegt das Jahresbruttogehalt beispielsweise bei 36.000 Euro und werden daraus 4 Prozent für den Riester-Beitrag aufgebracht, vermindert sich der jährliche Beitrag von 1.440 Euro um die Zulagen von 775 Euro. Eine zusätzliche Steuerersparnis fällt nicht an, da die Summe der Zulagen bereits 54 Prozent des jährlichen Riester-Beitrags ausmacht. Der Eigenbeitrag nach Abzug der Riester-Zulagen liegt nur noch bei 665 Euro jährlich bzw. 55,42 Euro monatlich.

Ganz besonders vorteilhaft schneidet die betriebliche Riester-Rente wegen des monatlichen Arbeitgeberzuschusses von 20 bis 40 Euro bei Geringverdienern mit einem monatlichen Bruttogehalt bis zu 2.200 Euro ab.

Zielrenten beim Betriebs-Riester mit Chancen und Risiken

Keine Frage: Garantien kosten die Anbieter von betrieblichen Riester-Renten gerade in der Niedrigzinsphase richtig Geld. Wer den Beitrags- bzw. Kapitalerhalt garantiert, muss dafür den größten Teil der herein fließenden Eigenbeiträge und Riester-Zulagen in zinssichere Anlagen stecken. Dann bleibt für Anlagen in Aktien und Immobilien mit höheren Renditechancen, aber auch höheren Risiken entsprechend wenig übrig.

Die reine Beitragszusage nach dem neuen Sozialpartnermodell ist für Arbeitgeber insofern ein Segen, da sie von jeglicher Haftung freigestellt werden. Sie müssen nur die Riester-Beiträge inkl. Zulagen an die Versorgungseinrichtungen weitergeben und sonst nichts. Das Risiko eines teilweisen Kapitalverlustes trägt allein der Riester-Sparer. Dies ist der nicht weg zu leugnende Nachteil des Garantieverzichts aus Sicht der Betriebs-Riester-Sparer.

Dass die Beitragsgarantie bei der betrieblichen Riester-Rente nun ausgehebelt werden kann, nennt die Zeitschrift Ökotest „Murks im Gesetz".[57] Entweder war dies Absicht oder es handelt sich dabei um einen handwerklichen Fehler, der trotz monatelanger Diskussion keinem Verantwortlichen aufgefallen ist.

Zwar gibt es auch für die bisherigen betrieblichen Riester-Renten mit Beitragsgarantie keine Zertifizierungspflicht. Wenn ab 2018 aber „neue" betriebliche Riester-Renten nach dem Modell der reinen Beitragszusage auf den Markt kommen, wird dabei auch die Beitragsgarantie fortfallen. Ex-Bundesarbeitsminister Walter Riester dürfte dies nicht nachvollziehen können. Schließlich hat keiner wie er so viel Wert auf die Feststellung gelegt, dass das zu verrentende Versorgungskapital bei der Riester-Rente

---

[57] http://www.n-tv.de/ratgeber/Reform-der-Betriebsrente-ist-Murks-article19901068.html

zumindest so hoch wie sein müsse wie die Summe der angesparten Riester-Beiträge einschließlich der staatlichen Zulagen.

Es wird, wie ein rentenpolitischer Sprecher der Großen Koalition in der Debatte um das Betriebsrentenstärkungsgesetz bemerkte, eine „kommunikative Herausforderung", die neue Betriebsrente ohne Garantien den Arbeitnehmern schmackhaft zu machen. Diese Herausforderung wird sich nun auch auf die „neue" betriebliche Riesrer-Rente ohne Beitragsgarantie beziehen.

Der Ausweg kann nicht darin bestehen, hohe **Zielrenten** auf dem Papier zu versprechen, die völlig unverbindlich sind und weit verfehlt werden können. Die neuen Anbieter von betrieblichen Riester-Renten ohne Garantien werden verstärkt auf den Aktienmarkt setzen, um dort höhere Renditen zu erzielen als mit Zinsanlagen.

Bei nur kurzen Beitragslaufzeiten kann dies aber zu Problemen führen, wenn der Beginn der Riester-Rente ausgerechnet in eine Aktienbaisse mit stark gesunkenen Kursen fällt. Auf Sicherheit bei ihrer Betriebsrente fixierte Arbeitnehmer werden nur schwer von den neuen Chancen, aber auch von den damit verbundenen Risiken zu überzeugen sein.

Die betriebliche Riester-Rente ohne Garantie ist daher mehr für jüngere oder chancen- sowie risikofreudige Riester-Sparer interessant. Eine Beitragsdauer von 20 oder gar 30 Jahren sollte schon eingeplant werden. Wer im Jahr 2018 mit 37 Jahren einsteigt, könnte beispielsweise 30 Jahre lang den Höchstbeitrag von 175 Euro inkl. Zulage in die betriebliche Riester-Rente ohne Garantie, aber mit ausgewiesener Zielrente stecken.

Bei einer Beitragssumme von 63.000 Euro und einer angenommenen Zielrendite von 4 Prozent nach Kosten läge das Versorgungskapital der betrieblichen Riester-Rente zum Rentenbeginn in 2048 bei rund 118.000 Euro. Bei einem Rentenfaktor von monatlich 30 Euro pro 10.000 Euro Riester-Kapital würde sich eine monatliche Zielrente von immerhin 354 Euro ergeben. Die Beitragssumme von 63.000 Euro inkl. Zulagen würde bereits nach knapp 15 Jahren zurückfließen und die Rentensumme bei einer angenommenen Rentenlaufzeit von 20 Jahren rund 85.000 Euro ausmachen.

Den Berechnungen von Zielrendite und Rentenfaktor sind grundsätzlich keine Grenzen gesetzt, da es weder garantierte Renditen noch garantierte Rentenfaktoren bei der betrieblichen Riester-Rente nach dem Sozialpartnermodell gibt.

Fahrlässig wäre es jedenfalls, ein hohes Riester-Kapital am Ende der 30-jährigen Laufzeit zugrunde zu legen, das doppelt oder gar dreifach so hoch ist wie die Beitragssumme, wie dies in ersten Hochrechnungen von Verdi geschehen ist. Wer die Beitragssumme von 63.000 Euro in 30 Jahren auf 189.000 Euro verdreifachen will, legt stillschweigend eine Zielrendite von 6,7 Prozent nach Kosten zugrunde. Bei einer Verdoppelung auf 126.000 Euro wären es noch 4,5 Prozent.

Wer einen Neuabschluss einer betrieblichen Riester-Rente ohne Garantien, aber mit Zielrenten in Erwägung zieht, sollte die Berechnungen sorgfältig auf Plausibilität überprüfen. Liegen Zielrendite, Zielkapital und Zielrente utopisch hoch, ist dies eher ein Zeichen von Unseriosität und nicht von Attraktivität.

4. MEHR ZUSATZRENTE IM KIRCHLICHEN UND ÖFFENTLICHEN DIENST

Die Zusatzversorgung im öffentlichen und kirchlichen Dienst (ZÖD) zählt wie die betriebliche Altersversorgung (bAV) eindeutig zur zweiten Säule der Altersvorsorge und damit zur Zusatzsicherung, wie dies auch aus dem Drei-Säulen-System der gesetzlichen, betrieblichen und privaten Altersvorsorge laut Alterssicherungsbericht 2016 der Bundesregierung hervorgeht (siehe Abbildung 1 aus Kapitel 1.1).

Was die Besteuerung betrifft, bietet das Drei-Schichten-Modell, das sich aus dem Alterseinkünftegesetz von 2005 ableiten lässt, eine weitere Orientierung. Hinsichtlich der steuerlichen Behandlung der Beiträge und Rentenleistungen unterscheidet dieses Modell drei Schichten (siehe Abbildung 2).

Abbildung 2: Drei Schichten der Altersvorsorge

Schichten	Grundsystem	Zusatzsysteme
Basisversorgung (1. Schicht)	gesetzliche Rentenversicherung (GRV)	berufsständische Versorgung (BSV) Alterssicherung der Landwirte (AdL) Basis- bzw. Rürup-Rente
Zusatzversorgung (2. Schicht)	betriebliche Altersversorgung (bAV) Zusatzversorgung im öffentlichen Dienst (ZÖD)	Riester-Rente
übrige Zusatzversorgung (3. Schicht)	private Rentenversicherung (PRV)	Kapitallebensversicherung auf den Todes- und Erlebensfall (KLV)

Die Zusatzversorgung im öffentlichen Dienst zählt steuerlich zur zweiten Schicht, sofern sie wie die betriebliche Altersversorgung kapitalgedeckt ist und daher Beiträge in Höhe von bis zu 4 Prozent der Beitragsbemessungsgrenze in der gesetzlichen Rentenversicherung steuerlich abzugsfähig[58] sind, also bis zu monatlich 254 Euro im Jahr 2017.

Für die umlagefinanzierte Zusatzversorgung im öffentlichen Dienst wie beispielsweise bei der Versorgungsanstalt des Bundes und der Länder im Tarifgebiet der alten Bundesländer (sog. VBL West) wurde im Jahr 2008 die nachgelagerte Besteuerung stufenweise eingeführt. Erst die ab 2025 gezahlten Umlagen werden in voller Höhe steuerfrei sein, sofern sie 4 Prozent der Beitragsbemessungsgrenze in der gesetzlichen Rentenversicherung nicht überschreiten. Die in den Jahren 2008 bis 2013 gezahlten Umlagen wurden nur zu 1 Prozent steuerfrei gestellt. In 2014 bis 2019 bleiben 2 Prozent steuerfrei und in den Jahren 2020 bis 2024 dann 3 Prozent der Beitragsbemessungsgrenze.

4.1. ECKPUNKTE DER ZUSATZVERSORGUNG

Die Zusatzversorgung im öffentlichen und kirchlichen Dienst (ZÖD) ist im Gegensatz zur betrieblichen Altersversorgung (bAV) eine **Pflichtversicherung** und unterscheidet sich schon dadurch hiervon. Zudem stellt sie eine überwiegend vom öffentlichen Arbeitgeber finanzierte zusätzliche Altersversorgung dar.

Die Zusatzversorgung für die bei den Kirchen beschäftigten Angestellten stimmt im Übrigen weitgehend mit der Zusatzversorgung des öffentlichen Dienstes überein. Daher ist im Folgenden aus Vereinfachungsgründen meist nur von Zusatzversorgung des öffentlichen Dienstes, öffentlichen Arbeitgebern und Angestellten im öffentlichen Dienst die Rede.

Die Arbeitnehmer im öffentlichen Dienst (auch Angestellte oder Tarifbeschäftigte genannt) erhalten ab Rentenbeginn zwei Renten – die ge-

---

[58] bis zum 31.12.2016 gem. § 3 Nr. 63 EStG

setzliche Rente und die Zusatzrente. Schon immer gab es eine Zusatzversorgung im öffentlichen Dienst. Das Prinzip ähnelt dem der gesetzlichen Rentenversicherung: Öffentliche Arbeitgeber (als Beteiligte bzw. Mitglieder der Zusatzversorgungskassen und gleichzeitig Versicherungsnehmer) sowie Arbeitnehmer (als Pflichtversicherte) zahlen Beiträge oder Umlagen. Die Angestellten im öffentlichen Dienst sind somit nicht direkt bei ihrer Zusatzversorgungskasse pflichtversichert, sondern über ihre Arbeitgeber. Bei Rentenbeginn erhalten die in der Zusatzversorgung des öffentlichen Dienstes pflichtversicherten Angestellten dann eine Zusatzrente, die zusätzlich zur gesetzlichen Rente gezahlt wird.

Die rechtliche Grundlage für die Zusatzversorgung im öffentlichen Dienst bildet der **Altersvorsorgetarifvertrag** (ATV)[59] für die Beschäftigten des öffentlichen Dienstes vom 01.03.2002, dem der **Altersvorsorgeplan (AVP)** vom 13.11.2001 zeitlich vorausging. Hierauf nimmt auch der Tarifvertrag für den öffentlichen Dienst (TVöD bzw. TV-L) vom 13.09.2005 Bezug, wonach die Tarifbeschäftigten einen „Anspruch auf eine zusätzliche Alters- und Hinterbliebenenversorgung unter Eigenbeteiligung" nach dem ATV haben. Die Zusatzversorgung wird durch spezielle Zusatzversorgungskassen durchgeführt. Als speziellen Durchführungsweg haben diese Zusatzversorgungskassen die **Pensionskasse** gewählt.

Keine Zusatzversorgung im Sinne einer Pflichtversicherung stellen Betriebsrenten auf Grund einer **freiwilligen Versicherung** wie der Entgeltumwandlung oder der betrieblichen Riester-Rente dar. Mit dieser freiwilligen Versicherung kann der Pflichtversicherte eine „durch Entrichtung eigener Beiträge unter Inanspruchnahme der steuerlichen Förderung (Sonderausgabenabzug, Zulage) bei der Zusatzversorgungseinrichtung jeweils nach deren Satzungsvorschrift eine zusätzliche kapitalge-

---

[59] Tarifvertrag über die betriebliche Altersversorgung der Beschäftigten des öffentlichen Dienstes (Tarifvertrag Altersversorgung - ATV) vom 1. März 2002 in der Fassung des Änderungstarifvertrages Nr. 9 vom 29. April 2016
http://www.tdl-online.de/fileadmin/downloads/rechte_Navigation/G._Zusatzversorgung__Entgeltumwandlung/01_ATV/AendTV_Nr__9_zum_ATV_v._29.04.16.pdf

deckte Altersvorsorge im Rahmen der betrieblichen Altersversorgung"
aufbauen, so die etwas umständliche Formulierung im ATV[60].

Für die zusätzliche Betriebsrente via Entgeltumwandlung muss der
Arbeitnehmer den Beitrag zurzeit zwar ganz allein aufbringen. Er erhält
aber eine staatliche Förderung durch Befreiung von der Sozialabgaben-
pflicht und durch Steuerersparnisse. Bei der betrieblichen Riester-Rente
bekommt er in der Ansparphase Zulagen und eventuell zusätzliche Steuerersparnisse, muss aber seine Riester-Beiträge aus seinem bereits verbeitragten Einkommen zahlen. Auf Betriebsrenten müssen zwar gesetzlich
Krankenversicherte grundsätzlich den vollen Beitrag zur Kranken- und
Pflegekasse abführen und nachgelagert Steuern bezahlen. Bei der betrieblichen Riester-Rente gilt dies allerdings nur für die bis Ende 2016 begon-
nenen Renten. Wer erst ab 2017 eine betriebliche Riester-Rente bezieht,
wird von der Beitragspflicht in der gesetzlichen Kranken- und Pflegekasse
befreit.

Bei den Konzepten der Zusatzversorgung im öffentlichen Dienst steht
die Frage „Umlagefinanzierung oder Kapitaldeckung" im Vordergrund.
Die Zusatzversorgung für Pflichtversicherte in den alten Bundesländern -
zum Beispiel bei der **Versorgungsanstalt des Bundes und der Länder
(VBL)** als weitaus größter Zusatzversorgungskasse - ist weiterhin umlagefinanziert. Das heißt: Die Umlagen werden direkt zur Zahlung der Zusatzrenten verwandt. Demzufolge führen Einnahmen aus Umlagen sofort zu
Ausgaben für Rentenleistungen. Wie beim Generationenvertrag in der gesetzlichen Rentenversicherung zahlen Arbeitgeber und Arbeitnehmer
Umlagen, die zur Finanzierung der Zusatzrenten dienen. Praktisch kommt
die jüngere, noch aktiv pflichtversicherte Generation für die umlagefinanzierten Zusatzrenten der älteren Generation auf. Diese **Umlagefinanzierung** ist typisch z.B. für die VBL im Tarifgebiet West.

Die Arbeitgeber-Umlage beträgt 6,45 Prozent und die Arbeitnehmer-
Umlage 1,81 Prozent ab 01.07.2017. Ab Juli 2017 macht die Umlage also insgesamt 8,26 Prozent des zusatzversorgungspflichtigen Entgelts aus, das
dem monatlichen Bruttogehalt entspricht.

---

[60] a.a.O.: § 26 Abs. 1 Satz 1 ATV

Im Unterschied dazu ist die Zusatzversorgung für Pflichtversicherte bei der VBL im Tarifgebiet Ost seit der Umstellung ab 01.01.2004 zum größten Teil kapitalgedeckt. Die von Arbeitgebern und Arbeitnehmern ab Anfang 2008 gezahlten Beiträge von jeweils 2 Prozent des Bruttogehalts werden zum Aufbau eines Kapitals verzinslich angelegt. Mit der Tarifeinigung im Frühjahr 2015 wurde ein zusätzlicher Arbeitnehmer-Beitrag eingeführt, der ab 01.07.2017 sogar auf 2,25 Prozent steigt. Somit liegt der gesamte Arbeitnehmer-Beitrag ab 01.07.2017 bei 4,25 Prozent. Zusammen mit dem Arbeitgeber-Beitrag von 2 Prozent macht der Gesamtbeitrag dann 6,25 Prozent des zusatzversorgungspflichtigen Entgelts aus.

Die **Kapitaldeckung** der VBL-Zusatzrente Ost bewirkt, dass die verzinslich angesparten Beiträge auf ein Kapital zum Rentenbeginn anwachsen, welches dann in Form von monatlichen Renten lebenslang ausgezahlt wird. Im Gegensatz zur Umlagefinanzierung werden die Beiträge der aktiv Pflichtversicherten demnach nicht unmittelbar zur Zahlung von Rentenleistungen verwandt.

In der Abbildung 3 werden die wichtigsten Alters- bzw. Rentenversicherungssysteme unter dem Gesichtspunkt „**Umlagefinanzierung oder Kapitaldeckung**" gegenübergestellt. Dabei zeigt sich, dass nur die gesetzliche Rente sowie zum Beispiel die VBL-Zusatzrente West immer umlagefinanziert sind. Alle anderen Systeme der betrieblichen und privaten Altersversorgung sind kapitalgedeckt. Die umlagefinanzierte VBL-Zusatzrente West ist somit noch am ehesten mit der ebenfalls umlagefinanzierten gesetzlichen Rente vergleichbar.

Abbildung 3: Rentenversicherungssysteme – Umlagefinanzierung versus Kapitaldeckung

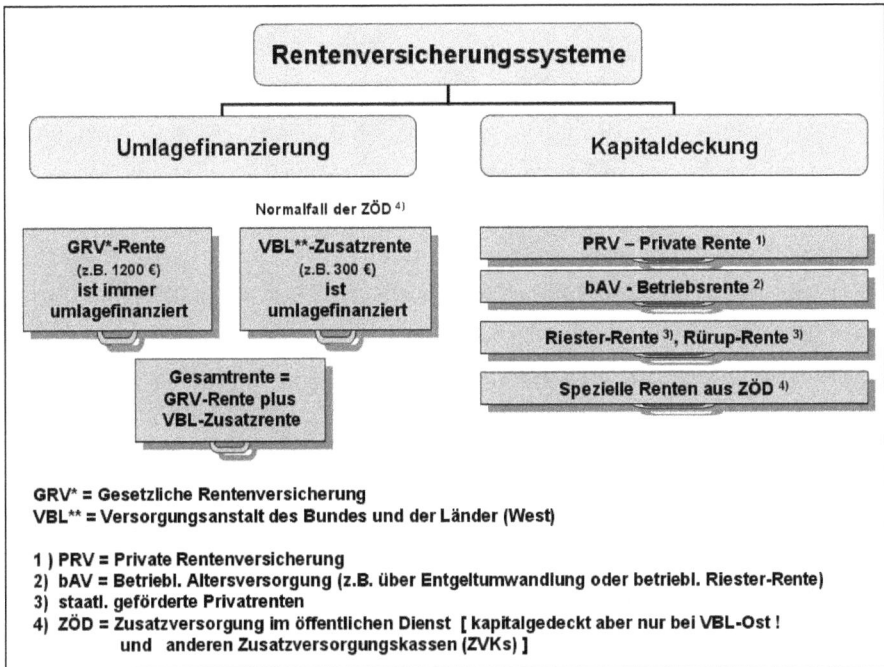

```
                    Rentenversicherungssysteme

        Umlagefinanzierung                    Kapitaldeckung

             Normalfall der ZÖD 4)

  GRV*-Rente      VBL**-Zusatzrente        PRV – Private Rente 1)
  (z.B. 1200 €)     (z.B. 300 €)
  ist immer            ist                 bAV - Betriebsrente 2)
  umlagefinanziert  umlagefinanziert
                                        Riester-Rente 3), Rürup-Rente 3)
       Gesamtrente =
       GRV-Rente plus                     Spezielle Renten aus ZÖD 4)
       VBL-Zusatzrente
```

GRV* = Gesetzliche Rentenversicherung
VBL** = Versorgungsanstalt des Bundes und der Länder (West)

1) PRV = Private Rentenversicherung
2) bAV = Betriebl. Altersversorgung (z.B. über Entgeltumwandlung oder betriebl. Riester-Rente)
3) staatl. geförderte Privatrenten
4) ZÖD = Zusatzversorgung im öffentlichen Dienst [kapitalgedeckt aber nur bei VBL-Ost !
         und   anderen Zusatzversorgungskassen (ZVKs)]

Der Aufbau einer Zusatzversorgung für den öffentlichen Dienst in den neuen Bundesländern erfolgte erst ab 01.01.1997 und hat bisher zahlenmäßig eine geringe Bedeutung. Beispielsweise entfielen im Jahr 2015 knapp 14 Prozent der insgesamt von der VBL in West und Ost ausgezahlten Zusatzrenten auf Rentner in den neuen Bundesländern.

Jede einzelne Zusatzversorgungskasse kann die Umlagefinanzierung nach ihren Möglichkeiten schrittweise durch eine Kapitaldeckung ablösen (sog. **Kombinationsmodell**).[61] Daher gibt es zurzeit insgesamt sogar drei Finanzierungskonzepte in der Zusatzversorgung des öffentlichen Diens-

---

[61] a.a.O.: § 15 Abs. 1 Satz ATV

tes: Umlagefinanzierung (z.B. VBL West), Kapitaldeckung (z.B. VBL Ost) oder ein Kombinationsmodell.

Wie hoch ist nun die zahlenmäßige Bedeutung und somit das Gewicht der Zusatzversorgung innerhalb der Alterssicherheitssysteme?

Die gesetzliche Rentenversicherung (GRV) liefert laut Alterssicherungsbericht[62] 2016 der Bundesregierung den mit Abstand größten Beitrag zur Alterssicherung. Rund 74 Prozent aller Brutto-Alterssicherungsleistungen entfallen auf Leistungen der GRV. Mit 14 Prozent am Gesamtvolumen nimmt die Beamtenversorgung den zweitgrößten Anteil ein. Ihr folgt die betriebliche Altersversorgung in der Privatwirtschaft mit 6 Prozent und die Zusatzversorgung im öffentlichen Dienst (ZÖD) mit 3 Prozent. Die Alterssicherung der Landwirte umfasst 1 Prozent und die berufsständischen Versorgungswerke 2 Prozent des Gesamtleistungsvolumens aller einbezogenen Alterssicherungssysteme.

Nur die nicht verbeamteten Arbeitnehmer im öffentlichen Dienst haben als **aktiv Pflichtversicherte** in der jeweiligen Zusatzversorgungskasse Anspruch auf eine spätere Zusatzrente.

Pflichtversichert werden die Tarifbeschäftigten des öffentlichen Dienstes frühestens ab Vollendung des 17. Lebensjahres,[63] sofern sie die **Wartezeit** von 60 Kalendermonaten erfüllen können.[64] Es kommt allein darauf an, ob die Wartezeit noch erfüllt werden könnte, wenn das Beschäftigungsverhältnis bis zur Erreichung der Regelaltersgrenze bestünde. Ein 61-Jähriger, der erstmalig als Arbeitnehmer in den öffentlichen Dienst tritt und die Regelaltersgrenze mit 65 Jahren erreichen würde, kann daher nicht mehr pflichtversichert werden.

Befristet Beschäftigte mit einer wissenschaftlichen Tätigkeit an Hochschulen oder Forschungseinrichtungen, die durch ein beispielsweise auf drei Jahre befristetes Arbeitsverhältnis die fünfjährige Wartezeit nicht erfüllen können, sind auf ihren schriftlichen Antrag, der innerhalb von

---

[62] a.a.O.: (vgl. dort Abb. B.1.1 und Tabelle B.1.1)

[63] a.a.O.: § 2 Abs. 1 ATV

[64] a.a.O.: § 6 Abs. 1 ATV

zwei Monaten nach Beginn der befristeten Beschäftigung gestellt werden muss, von der Pflicht zur Versicherung zu befreien.[65]

Sie würden, wenn sie nach drei Jahren aus dem öffentlichen Dienst ausscheiden und auch später nicht wieder eintreten, ansonsten ihren Anspruch auf eine Zusatzrente verlieren und nur die eigenen Beiträge erstattet bekommen. Hochschulen, Landesämter für Besoldung und Versorgung sowie Zusatzversorgungskassen sollen die befristet Beschäftigten auf diese Befreiungsmöglichkeit eindringlich hinweisen.

Wird die Befreiung von der Pflichtversicherung durch den befristet Beschäftigten mit einer wissenschaftlichen Tätigkeit beantragt, zahlt der Arbeitgeber Beiträge bis zu 4 Prozent des Bruttogehalts in eine freiwillige Versicherung ein, bei der es keine Wartezeiten gibt. Dadurch erhält der befristet Beschäftigte eine mit der Pflichtversicherung zumindest vergleichbare Rentenanwartschaft. Sofern das Beschäftigungsverhältnis aber über fünf Jahre hinaus verlängert wird, erlischt die Verpflichtung des Arbeitgebers zur Zahlung von Beiträgen in die freiwillige Versicherung. Stattdessen beginnt die Pflichtversicherung.

Zu den aktiv Pflichtversicherten kommen noch die **beitragsfrei Versicherten** als ehemalige aktiv Pflichtversicherte hinzu, deren Versicherungsverhältnis nach Beendigung ihres Arbeitsverhältnisses im öffentlichen Dienst bis zum Eintritt des Versicherungsfalles weiter bestehen bleibt.[66] Die beitragsfreie Versicherung selbst endet erst mit Eintritt des Versicherungsfalles, Überleitung auf eine andere Zusatzversorgungskasse, Tod, Erlöschen der Rentenanwartschaft oder mit Beginn einer erneuten Pflichtversicherung.[67]

---

[65] a.a.O.: § 2 Abs. 2 ATV

[66] a.a.O.: § 3 Abs. 1 ATV

[67] a.a.O.: § 3 Abs. 2 ATV

Abbildung 4: ZÖD - aktive und beitragsfreie Pflichtversicherung

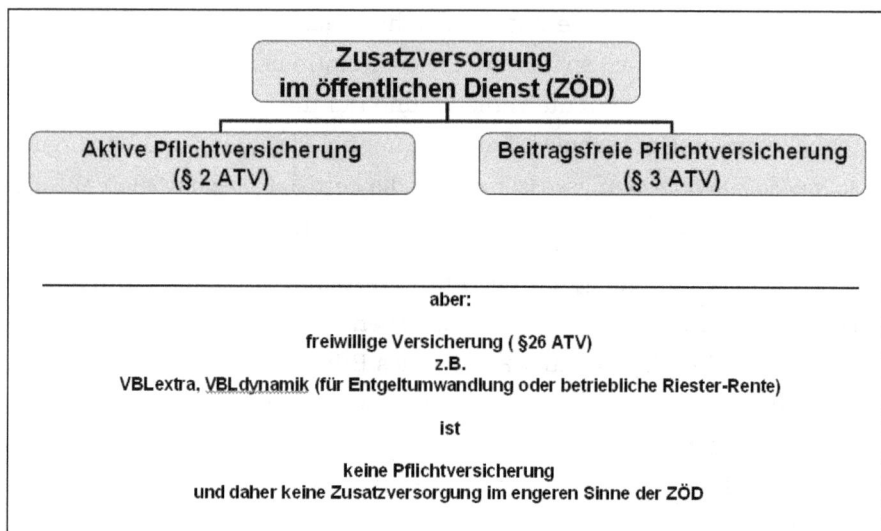

```
            ┌─────────────────────────────┐
            │     Zusatzversorgung        │
            │  im öffentlichen Dienst (ZÖD)│
            └─────────────────────────────┘
      ┌──────────────────────┴──────────────────────┐
┌─────────────────────────┐        ┌─────────────────────────────┐
│ Aktive Pflichtversicherung │     │ Beitragsfreie Pflichtversicherung │
│       (§ 2 ATV)           │      │           (§ 3 ATV)          │
└─────────────────────────┘        └─────────────────────────────┘
```

aber:

freiwillige Versicherung (§26 ATV)
z.B.
VBLextra, VBLdynamik (für Entgeltumwandlung oder betriebliche Riester-Rente)

ist

keine Pflichtversicherung
und daher keine Zusatzversorgung im engeren Sinne der ZÖD

In der Abbildung 4 wird zwar formal zwischen aktiv und beitragsfrei Pflichtversicherten unterschieden.[68] Beide Gruppen erhalten jedoch gleichermaßen Rentenanwartschaften. Der Unterschied besteht lediglich darin, dass die weiterhin beitragsfrei Versicherten inzwischen aus dem öffentlichen Dienst ausgeschieden sind. Dies ist vergleichbar mit Privatversicherten, die ihre Kapital-Lebensversicherung oder private Rentenversicherung aus finanziellen Gründen beitragsfrei gestellt haben, aber weiterhin Anspruch auf eine Ablaufleistung oder eine private Rente ab Ende der vereinbarten Versicherungslaufzeit haben. Die bis Ende 2001 übliche Unterscheidung zwischen Versorgungsrenten (für aktiv Pflichtversicherte) und Versicherungsrenten (für ausgeschiedene Arbeitnehmer mit beitragsfreier Versicherung) gibt es heute nicht mehr.

Beide Gruppen - aktiv Pflichtversicherte und beitragsfrei Pflichtversicherte – erhalten daher eine Zusatzversorgung im öffentlichen Dienst.

---

[68] a.a.O.: §§ 2 und 3 ATV

Davon sind aber die freiwillig Versicherten streng zu unterscheiden[69] (siehe Abbildung 4). Die **freiwillige Versicherung** ist keine Zusatzversorgung im engeren Sinne, da es sich – wie schon der Name sagt - überhaupt nicht um eine Pflichtversicherung handelt.

Die Arbeitnehmer im öffentlichen Dienst sind nicht direkt bei ihrer Zusatzversorgungskasse pflichtversichert, sondern über ihre Arbeitgeber. Diese öffentlichen oder auch kirchlichen Arbeitgeber werden **Beteiligte** der jeweiligen Zusatzversorgungskasse genannt und sind dort Versicherungsnehmer, weil auch sie sämtliche Beiträge bzw. Umlagen zahlen. Die Arbeitnehmer selbst stellen die versicherten Personen bzw. die Versicherten dar.

Die **VBL (Versorgungsanstalt des Bundes und der Länder)** ist die mit Abstand größte Zusatzversorgungskasse des öffentlichen Dienstes. Beteiligte bei der VBL sind der Bund, 14 Länder (außer den Stadtstaaten Hamburg und Bremen), rund 1.700 Kommunen, 80 Träger der Sozialversicherung sowie sonstige Arbeitgeber.

Die bundes- und landesgeförderten Unternehmen haben sich in der **VBLU** zusammengeschlossen und die Zusatzversorgungskassen der Kommunen, Städte, Kirchen und Sparkassen in der **AKA** (Arbeitsgemeinschaft kommunale und kirchliche Zusatzversorgung). Daneben gibt es noch Sonderformen der Zusatzversorgung für Beschäftigte der ehemaligen Deutschen Bundesbahn (Knappschaft-Bahn-See **KBS**), für Beschäftigte in Hamburg und Bremen, für Beschäftigte der öffentlich-rechtlichen Rundfunkanstalten und so weiter.

Der Übersichtlichkeit halber erfolgt eine Beschränkung der Betrachtung der Zusatzversorgung des öffentlichen Dienstes auf die wesentlichen Akteure

- Versorgungsanstalt des Bundes und der Länder (VBL)
- Arbeitsgemeinschaft kommunale und kirchliche Altersversorgung (AKA)

---

[69] a.a.O.: § 26 ATV

Die Finanzierung erfolgt insbesondere durch Umlagen der öffentlichen Arbeitgeber aus deren laufenden Haushaltsmitteln, einen Arbeitnehmeranteil an der Umlage sowie bei der KBS auch aus öffentlichen Zuschüssen. Einige Zusatzversorgungskassen haben ganz oder teilweise auf Kapitaldeckung umgestellt, zu der ebenfalls Arbeitgeber und Arbeitnehmer Beiträge leisten.

Abbildung 5: Betriebliche Altersversorgung bei soz.vpfl. Beschäftigten

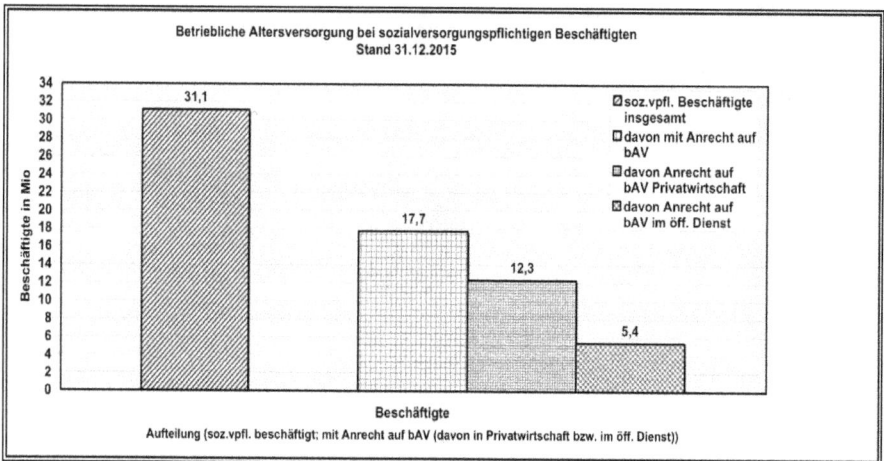

Betriebliche Altersversorgung bei sozialversorgungspflichtigen Beschäftigten
Stand 31.12.2015

Im öffentlichen Dienst hat jeder pflichtversicherte Arbeitnehmer Anspruch auf eine Betriebsrente, in der privaten Wirtschaft hingegen nach einem Artikel der F.A.Z. vom 10.06.2017 nur knapp jeder zweite.[70,71] Denn nach dem Alterssicherungsbericht[72] 2016 der Bundesregierung gab es 31,1 Millionen sozialversicherungspflichtige Beschäftigte in 2015, davon 17,7 Millionen mit einem Anrecht auf eine betriebliche Altersversorgung (bAV). Also haben rund 57 Prozent der sozialversicherungspflichtigen Be-

---

[70] http://www.faz.net/aktuell/finanzen/meine-finanzen/vorsorgen-fuer-das-alter/fast-jeder-zweite-bekommt-noch-eine-betriebsrente-15054177.html

[71] https://www2.deloitte.com/content/dam/Deloitte/de/Documents/human-capital/Deloitte-bAV-Studie_safe.pdf

[72] a.a.O.: (dort die Tabellen D1.1 und D.1.2)

schäftigten ein Anrecht auf eine betriebliche Altersvorsorge. Zieht man von den 17,7 Millionen bAV - Berechtigten die 5,4 Millionen Beschäftigten ab, die ein Anrecht auf eine Zusatzversorgung im öffentlichen Dienst haben, so ergeben sich 12,3 Millionen bAV - Berechtigte in der Privatwirtschaft. Setzt man die bAV - Anwartschaftsberechtigten in der Privatwirtschaft ins Verhältnis zu den 25,7 Mio. sozialversicherungspflichtigen Beschäftigten in der Privatwirtschaft, so ergeben sich knapp 48 Prozent, d.h. nur knapp jeder zweite der in der Privatwirtschaft sozialversicherungspflichtig Beschäftigten hat ein Anrecht auf eine betriebliche Altersversorgung (bAV).

Im Jahre 2015 haben 20,8 Millionen Menschen eine gesetzliche Rente (GRV) bezogen, darunter 17,9 Millionen Rentnerinnen und Rentner im Alter von 65 Jahren und darüber. Die 17,9 Millionen Rentner der GRV (nach Alterssicherungsbericht[73] 2016 der Bundesregierung) lassen sich ins Verhältnis setzen zu den insgesamt 2,3 Millionen Rentnern (1,1 Mio bei der VBL und rund 1,2 Mio. bei der AKA[74]). Damit erhalten inzwischen rund 12 Prozent aller Rentner in der gesetzlichen Rentenversicherung darüber hinaus eine Zusatzrente im öffentlichen Dienst. Darunter sind rund 2 Millionen Versicherungsrentner mit Alters- oder Erwerbsminderungsrente sowie 0,3 Millionen Hinterbliebenenrentner.

---

[73] a.a.O.: dort Teil A

[74] http://www.aka.de/portal/page/portal/akaneu/index.html

Tabelle 6: Die größten Zusatzversorgungskassen

Nr.	Zusatzversorgungs kassen	Pflichtversicherte auf volle TSD gerundet	Rentner auf volle TSD gerundet	Kapitalanlagen in Mrd. €
1	VBL	1.872.000	1.100.000	21,55
2	ZVK Bayern	697.000	225.000	18,81
3	rk. KZVK Köln	536.000	152.000	17,85
4	KVBW BaWü	473.000	210.000	6,19
5	ZVK Westfalen	374.000	85.000	2,47
6	RZVK Köln	337.000	178.000	5,3
7	ev. KZVK Dortm.	205.000	73.000	6,75
8	ZVK Sachsen	193.000	47.000	k.A.
1 - 8	1 x VBL + 7 AKA	4.687.000	2.070.000	78,92
9 - 23		713.000	269.000	
1 - 23	1 x VBL + 22 AKA	5.400.000	2.339.000	

Quelle: Eigene Recherchen

Der Alterssicherungsbericht 2016 der Bundesregierung erlaubt es, die Daten zur Zusatzversorgung des öffentlichen Dienstes für die Versicherten bei der VBL und insgesamt bei den Zusatzversorgungskassen der AKA zu erfassen. Im Mehr - Jahres-Rhythmus gibt es den Versorgungsbericht der Bundesregierung[75], der allerdings nur die Zahlen für die Versicherten bei der VBL und der Knappschaft-Bahn-See (KBS) enthält. Zur Erfassung von Zahlen und Daten einzelner Zusatzversorgungskassen muss man deren Geschäftsberichte (sofern veröffentlicht) analysieren. Unter den 23 Zusatzversorgungskassen (VBL und 22 Kassen der AKA) ragen acht größeren Zusatzversorgungskassen heraus.

Diese 8 von 23 Zusatzversorgungskassen umfassen nach Tabelle 6 rund 87 Prozent aller Pflichtversicherten und rund 89 Prozent aller Rentner.

---

[75] 6. Versorgungsbericht der Bundesregierung, Dezember 2016

http://www.bmi.bund.de/SharedDocs/Downloads/DE/Broschueren/2017/sechster-versorgungsbericht.pdf

4.1.1. Die Versorgungsanstalt des Bundes und der Länder (VBL)

Bei der VBL als weitaus größter Zusatzversorgungskasse sind zum Stand 31.12.2014 (laut Alterssicherungsbericht[76] 2016 der Bundesregierung) rund 1,87 Millionen aktiv pflichtversichert (davon 1,52 Millionen in den alten Bundesländern) und etwa 2,29 Millionen beitragsfrei versichert, also insgesamt rund 4,16 Millionen. Den aktiv Pflichtversicherten (West/Ost) von 1,87 Millionen stehen 2,55 Millionen weiterhin beitragsfrei Pflichtversicherte (West/Ost) gegenüber. Die Gesamtzahl der Empfänger von Betriebsrenten (65 Jahre und älter) aus der VBL beläuft sich auf etwa 1,08 Millionen.

Bei der VBL beträgt die durchschnittliche Höhe der Zahlbeträge für Betriebsrenten der Pflichtversicherten 417 Euro (VBL - West) bzw. 159 Euro (VBL - Ost) monatlich nach dem Alterssicherungsbericht[77] 2016 der Bundesregierung. 78 Prozent der Zahlbeträge der Versichertenrenten liegen unter 550 Euro[78] (Alterssicherungsbericht bzw. Versorgungsbericht).

4.1.2. Die Versorgungskassen der AKA

Nicht alle Arbeitnehmer im öffentlichen Dienst sind über die Versorgungsanstalt des Bundes und der Länder (VBL) in Karlsruhe pflichtversichert, also weder im Abrechnungsverband West noch im Abrechnungsverband Ost. Die übrigen Arbeitnehmer gehören anderen Zusatzversorgungskassen an, die unter dem Dach der **Arbeitsgemeinschaft kommunale und kirchliche Altersversorgung (AKA)** zusammengeschlossen sind. Die **AKA** hat zurzeit insgesamt 22 Mitglieder, die als Zusatzversorgungskassen wie die VBL die Rentenanwartschaften ab 01.01.2002 nach dem Punktemodell und die Rentenanwartschaften bis zum 31.12.2001 (sog. Startgutschriften) ganz oder zum größten Teil wie die VBL berechnen.

---

[76] a.a.O.: (vgl. dort Tabelle A.4.1)

[77] a.a.O.: (vgl. dort Tabelle A.4.4)

[78] a.a.O.: (vgl. dort Tabelle A.4.4)

Im Gegensatz zur umlagefinanzierten VBL West sind die meisten in der AKA zusammengeschlossenen Zusatzversorgungskassen zur vollständigen Kapitaldeckung übergegangen. Der Gesamtbeitrag liegt bei 4 Prozent oder darüber, der entweder voll von den Arbeitgebern oder teilweise auch von den Arbeitnehmern getragen wird.

Die Fachvereinigung Zusatzversorgung der AKA setzt sich aus 22 kommunalen und kirchlichen Zusatzversorgungskassen zusammen, davon dreizehn Gebietskassen, drei Stadtkassen, zwei Sparkasseneinrichtungen sowie vier Kirchenkassen. Die Mitgliedskassen betreuen knapp 40.000 kommunale und kirchliche Arbeitgeber.[79]

Die in der AKA zusammengeschlossenen Zusatzversorgungskassen[80] gliedern sich wie folgt auf:

- **13 Gebietskassen** als kommunale Zusatzversorgungskassen (z.B. Rheinische Versorgungs- und Zusatzversorgungskasse für Gemeinden und Gemeindeverbände oder Zusatzversorgungskasse des Kommunalen Versorgungsverbandes Baden-Württemberg)
- **3 städtische Zusatzversorgungskassen** (z.B. Zusatzversorgungskasse der Stadt Köln oder Zusatzversorgungskasse der Stadt Hannover)
- **4 kirchliche Zusatzversorgungskassen** (z.B. Kirchliche Zusatzversorgungskasse des Verbandes der Diözesen Deutschland oder Zusatz-versorgungskasse der Evangelisch-Lutherischen Landeskirche Hannover)
- **2 Zusatzversorgungskassen für Sparkassen** (Emdener Zusatzversorgungskasse der Sparkassen und Zusatzversorgungskasse der Landesbank Baden-Württemberg).

Die Arbeitsgemeinschaft kommunale und kirchliche Altersversorgung (AKA) hatte am 31. Dezember 2014 insgesamt rund 7,23 Millionen Versicherte, davon 3,50 Millionen Pflichtversicherte und 3,73 Millionen bei-

---

[79] http://www.aka.de/portal/page/portal/akaneu/index.html

[80] http://portal.versorgungskammer.de/portal/page/portal/akaneu/info/imageb roschuere.pdf

tragsfrei Versicherte.[81] Die Gesamtzahl der Empfängerinnen und Empfänger von Betriebsrenten beläuft sich auf 1,26 Millionen.

Bei der AKA beträgt die durchschnittliche Höhe der Zahlbeträge für Betriebsrenten der Pflichtversicherten zum Stand 31.12.2010 etwa 351 Euro monatlich laut Alterssicherungsbericht[82] 2016 der Bundesregierung.

4.2. PUNKTERENTE IN DER ZUSATZVERSORGUNG DES ÖFFENTLICHEN DIENSTES

Angestellte, die erst ab 2002 in den öffentlichen Dienst eingetreten sind, erwerben ihre Rentenanwartschaften ausschließlich nach dem Punktemodell, für das sich die Tarifparteien bei der Reform der Zusatzversorgung am 13.11.2001 entschieden und dazu am 01.03.2002 den Altersvorsorgetarifvertrag (ATV) abgeschlossen haben. Geburtsjahrgänge ab 1985 können - wenn sie bereits mit 17 Jahren in die Pflichtversicherung eintreten - 50 Versicherungsjahre bis zum 67. Lebensjahr in der Zusatzversorgungskasse aufweisen und Versorgungspunkte ausschließlich nach dem Punktemodell erwerben.

Dieses Punktemodell stellt einen grundlegenden Systemwechsel dar. Die ab 2002 eingeführte Zusatzrente, die auch als **Punkterente** bezeichnet wird, ist völlig abgekoppelt von der gesetzlichen Rente. Sie hängt nur noch von der Höhe des Bruttogehalts, dem sogenannten zusatzversorgungspflichtigen Entgelt, sowie dem jeweiligen Alter des pflichtversicherten Angestellten im öffentlichen Dienst ab.

Die Ermittlung der Betriebsrente erfolgt durch ein nach versicherungsmathematischen Grundsätzen entwickeltes Versorgungspunktemodell. Danach werden die Versorgungspunkte mit einem Messbetrag von 4 Euro multipliziert. Die Grundbeziehung für die Rentenberechnung lautet:

[81] vgl. Tabelle A.4.2 des Alterssicherungsberichts 2016 der Bundesregierung
[82] a.a.O.: (vgl. dort Tabelle A.4.5)

Die Zusatzversorgungsrente (Punkterente) ist die Summe aller Versorgungspunkte multipliziert mit einem Messbetrag.

Die Versorgungspunkte werden auf der Grundlage der Entgelte während der gesamten Tätigkeit im öffentlichen Dienst ermittelt. Hierbei wird zunächst das Verhältnis eines Zwölftels des individuellen Brutto - Jahresentgelts zu einem festgelegten Referenzentgelt (1.000 Euro) festgestellt. Der sich aus diesem Verhältnis ergebende Wert wird dann mit einem versicherungsmathematisch bestimmten Altersfaktor gewichtet. Daraus ergibt sich die Anzahl der Versorgungspunkte für das betreffende Kalenderjahr.

Versorgungspunkte =
(1/12 des individuellen Jahresentgelts / Referenzentgelt) x Altersfaktor

Diese Formel setzt die tarifvertragliche Versorgungszusage um. Dabei werden durch Altersfaktoren eine differenzierte Verzinsung der Beiträge in der Anwartschaftsphase (3,25 Prozent) und Leistungsphase (5,25 Prozent) sowie biometrische Annahmen (Sterbetafeln, Rentenbezugsdauer etc.) berücksichtigt.

Die Punkterente soll vom Leistungsniveau her rund ein Fünftel unter dem Niveau der Zusatzrente nach dem früheren Gesamtversorgungssystem liegen.

Beispiel:

Bei einer früheren Zusatzrente von 0,5 Prozent des letzten Entgelts pro Pflichtversicherungsjahr konnte ein Rentner nach 40 Jahren mit einer Zusatzrente in Höhe von 20 Prozent seines Bruttoendgehalts rechnen, wenn er bis Ende 2001 in Rente ging. Liegt das Niveau der neuen Punkterente durchschnittlich bei 0,4 Prozent des Entgelts pro Jahr, kommen nach 40 Pflichtversicherungsjahren nur 16 Prozent des Endgehalts als Zusatzrente brutto heraus. Das Leistungsniveau im alten Gesamtversorgungssystem wird somit um ein Fünftel gekürzt.

Im Punktemodell wird eine Leistung zugesagt, die sich ergeben würde, wenn ein fiktiver Gesamtbeitrag von 4 Prozent vollständig in ein kapitalgedecktes System eingezahlt würde. Somit handelt es sich um eine beitragsorientierte Leistungszusage. Da außerdem eine jährliche Verzinsung von durchschnittlich 4 Prozent unterstellt wird (3,25 Prozent in der Anwartschaftsphase und 5,25 Prozent während des Rentenbezugs), liegt das Leistungsniveau im gegenwärtigen Punktemodell bei 0,4 Prozent des Endgehalts pro Pflichtversicherungsjahr oder darunter.

4.2.1. Höhe und Berechnung der Punkterente

Als Angestellter im öffentlichen oder kirchlichen Dienst und künftiger Anwärter auf eine Zusatzrente muss man die Berechnung der Punkterente im Einzelnen nicht kennen. Jedes Jahr erhält man einen Versicherungsnachweis von der Zusatzversorgungskasse.

Aus diesem Versicherungsnachweis gehen dann die bisher erreichten Versorgungspunkte und Rentenanwartschaften hervor. Im Prinzip berechnet sich die monatliche Rentenanwartschaft für ein volles Pflichtversicherungsjahr aus jeweils 0,4 Prozent des monatlichen Bruttogehalts, multipliziert mit einem speziellen Altersfaktor.

Tabelle 7: Altersfaktorentabelle für Pflichtversicherte

Alter	Altersfaktor	Alter	Altersfaktor
17	3,1	32 – 33	je 1,9
18	3,0	34	1,8
19	2,9	35 – 36	je 1,7
20	2,8	37 – 39	je 1,6
21	2,7	40 – 41	je 1,5
22	2,6	42 – 43	je 1,4
23	2,5	44 – 46	je 1,3
24 – 25	je 2,4	47 – 49	je 1,2
26	2,3	50 – 52	je 1,1
27 – 28	je 2,2	53 – 56	je 1,0
29	2,1	57 – 61	je 0,9
30 – 31	je 2,0	ab 62	je 0,8

Bis 31.12.2024 wird die hier abgedruckte Altersfaktoren-Tabelle[83] nicht geändert. Es gilt bis dahin die relativ einfache Rentenformel

monatliche Punkterente =
0,4 Prozent des Monatsentgelts x Altersfaktor.

Beispiel:

- Monatliches Bruttogehalt = 3.800 Euro im Jahr 2017

- Jahrgang 1964 (53 Jahre in 2017, daher Altersfaktor 1,0 laut Altersfaktor-Tabelle)

=> monatliche Punkterente = 3.800 Euro x 0,004 x 1,0 = 15,20 x 1 = 15,20 Euro (als Rentenanwartschaft für das Jahr 2017)

---

[83] a.a.O.: § 8 Abs. 2 ATV

In Abhängigkeit von Gehalt und Alter entstehen für jedes Beschäftigungsjahr Rentenbausteine, die relativ einfach berechnet werden können. Das jeweilige Gehalt als erster Berechnungsfaktor wird zwar von Jahr zu Jahr schwanken, aber bei durchgehender Vollzeitbeschäftigung in aller Regel steigen. Andererseits wird der Altersfaktor als zweiter Berechnungsfaktor mit zunehmendem Alter sinken, wie die Altersfaktoren - Tabelle zeigt.

Je jünger der Pflichtversicherte, desto höher ist sein Altersfaktor und damit seine Punkterente bei gleichem Entgelt. Der Grund: Mit dem höheren Altersfaktor soll die längere Zeitspanne zwischen aktuellem Lebensalter und dem Rentenbeginn in ferner Zukunft ausgeglichen werden. In den Altersfaktoren ist ein Rechnungszins von 3,25 Prozent für die Anwartschaftsphase und von 5,25 Prozent für die Rentenphase eingerechnet. Der jüngere Pflichtversicherte profitiert somit automatisch vom Zinseszinseffekt.

Beispiel:

Wer 30 Jahre alt ist, erhält den Altersfaktor 2,0. Bei einem monatlichen Gehalt von 3.000 Euro liegt die Rentenanwartschaft somit bei 24 Euro (= 3.000 € x 0,004 x Altersfaktor 2). Der 40-Jährige kommt nur auf den Altersfaktor 1,5 und bei gleichem Gehalt auf eine Rentenanwartschaft von 18 Euro (= 3.000 € x 0,004 x Altersfaktor 1,5). Der Rentenzuschlag für den jüngeren Beschäftigten liegt bei einem Drittel bzw. knapp 3 Prozent pro Jahr. Dies ist auch sachgerecht, da der 30-Jährige ja zehn Jahre länger auf die Rente warten muss.

Der höhere Altersfaktor für Jüngere wirkt also wie ein Rentenzuschlag für die längere Wartezeit bis zum Rentenbeginn mit Erreichen der Regelaltersgrenze.

Beispiel:

Pflichtversicherte, die im Jahr 2017 schon 62 Jahre alt sind (also Jahrgang 1955), erhalten nur einen Altersfaktor von 0,8 und bei einem Entgelt von 3.000 Euro nur eine Rentenanwartschaft von 9,60 Euro im Jahr 2017.

Der erst 42-Jährige mit Altersfaktor 1,4 bekommt jedoch 16,80 Euro bei gleichem Entgelt und damit 75 Prozent mehr im Vergleich zu dem um 20 Jahre Älteren. Das entspricht ebenfalls einem Rentenzuschlag von knapp 3 Prozent pro Jahr.

Die unterschiedlichen Altersfaktoren – je jünger, desto höher bzw. je älter, desto niedriger – stellen also keine Ungerechtigkeit dar, sondern einen fairen Ausgleich zwischen jüngeren und älteren Pflichtversicherten. Die gehalts- und altersabhängige Punkterente ist von der Konstruktion her kalkulationssicher, relativ einfach und vor allem auch sozial gerechter im Vergleich zum früheren Gesamtversorgungssystem. Eine grundsätzliche Kritik am Punktemodell ist daher nicht gerechtfertigt.

Sicherheit bis Ende 2024

Über die zusätzliche Alters- und Hinterbliebenenversorgung (Zusatzversorgung) bei der Versorgungsanstalt des Bundes und der Länder (VBL) bzw. den kommunalen Zusatzversorgungskassen (ZVKen) wurde lange in Verhandlungen gestritten. Die daran beteiligten Arbeitgeberbereiche – Länder, Bund und kommunale Arbeitgeber (VKA) – hatten die Gespräche im Mai 2014 abgebrochen. Die geltenden Altersversorgungstarifverträge (ATV für die VBL und ATV-K für die kommunalen Zusatzversorgungskassen) wurden jedoch nicht gekündigt. Die Tarifgemeinschaft der Länder (TdL) bestand auf Kürzung der Betriebsrenten bei der VBL. Diese Forderung begründete sie mit der gestiegenen Lebenserwartung und dem deutlich gesunkenen Zinsniveau. Die Vorstellungen der TdL wären einem Wechsel von der jetzigen Leistungszusage zu einer Leistungszusage auf niedrigerem Niveau oder einer Beitragszusage mit Mindestleistung gleichgekommen. Der durchschnittliche **Rentenzahlbetrag** (Bruttozusatzrente abzüglich Krankenkassen- und Pflegeversicherungsbeitrag) wäre dadurch für neu eingestellte Beschäftigte um rund 20 Prozent gesunken.

Mit der Tarifeinigung vom 28.03.2015 wurde die Zusatzversorgung bei der VBL durch zusätzliche Finanzierungsbeiträge der Beschäftigten gesichert, ohne dass in das Leistungsrecht der VBL eingegriffen wird.

Für Versicherte der VBL - West wird neben dem Arbeitnehmerbeitrag von damals 1,41 Prozent ein zusätzlicher Arbeitnehmerbeitrag zur Umlage erhoben, der stufenweise bis auf 0,4 Prozent ab 01.07.2017 steigt. Für Versicherte der VBL – Ost wurde ebenfalls ein zusätzlicher Arbeitnehmerbeitrag eingeführt, der auf 2,25 Prozent ab 01.07.2017 steigt und dann zusammen mit dem damaligen Arbeitnehmerbeitrag von 2 Prozent dann insgesamt 4,25 Prozent ausmacht.

Frühestens zum 31.12.2024 kann der derzeitige Altersvorsorge-Tarifvertrag (ATV) gekündigt werden. Dies verschafft Sicherheit für alle Pflichtversicherten. Das Leistungsniveau der Punkterente ändert sich bis Ende 2024 nicht.

4.2.2. Hochrechnung für künftige Punkterenten

Das individuelle Leistungsniveau der Punkterente hängt von der Anzahl der Pflichtversicherungsjahre und der Höhe der jährlichen Entgeltsteigerungen ab. Bei 40 Pflichtversicherungsjahren und durchschnittlich 1,5 Prozent pro Jahr mehr an Gehalt beträgt die Punkterente 0,38 Prozent des Bruttoendgehalts pro Jahr bzw. 15,35 Prozent insgesamt (vgl. Tabelle 8 für das folgende fiktive Beispiel).

Beispiel (fiktiv):

Ein Versicherter sei am 01.01.2002 in die Zusatzversorgungskasse eingetreten und jeweils am 01.01. in einem der folgenden Jahre 1985, 1980, 1975, 1970 und 1965 geboren, d.h. er ist frühestens mit 17 Jahren oder später mit 22, 27, 32 und 37 Jahren in die Zusatzversorgungskasse eingetreten. Ferner wird angenommen, er bekäme vom Beginn seiner Pflichtversicherungszeit (01.01.2002) an bis zum Renteneintritt eine konstante jährliche Gehaltssteigerung von 1,0 Prozent (alternativ 1,5 Prozent, 2 oder 2,5 Prozent).

Tabelle 8: Punkterente bei 3.000 € /Monat ab ZVK-Eintritt mit 27 Jahren und 1,5 Prozent Gehaltssteigerung p.a.

Versorgungspunkte der Punkterente bis zum Rentenbeginn am 01.01.2042								
						Referenzentgelt =	1.000,00	
Name:	Hochrechnung 40 Jahre			1,5 % Erh.	Messbetrag =		0,4%	4,00 €
Geburts-datum/ Alter	Jahr	Alters-faktor	zvE/Jahr DM	zvE/Jahr in Euro	zvE/Monat in Euro	Vers.-punkte (VP)	Bonus-punkte (BP)	VP aus Sonder-umlagen
01.01.1975		Startgutschrift =				0,00		
17	1992	3,10		0,00 €	0,00 €	0,00		
18	1993	3,00		0,00 €	0,00 €	0,00		
19	1994	2,90		0,00 €	0,00 €	0,00		
20	1995	2,80		0,00 €	0,00 €	0,00		
21	1996	2,70		0,00 €	0,00 €	0,00		
22	1997	2,60		0,00 €	0,00 €	0,00		
23	1998	2,50		0,00 €	0,00 €	0,00		
24	1999	2,40		0,00 €	0,00 €	0,00		
25	2000	2,40		0,00 €	0,00 €	0,00		
26	2001	2,30		0,00 €	0,00 €	0,00		
27	2002	2,20		36.000,00 €	3.000,00 €	6,60		
28	2003	2,20		36.540,00 €	3.045,00 €	6,70		
29	2004	2,10		37.088,10 €	3.090,68 €	6,49		
30	2005	2,00		37.644,42 €	3.137,04 €	6,27		
31	2006	2,00		38.209,09 €	3.184,09 €	6,37		
32	2007	1,90		38.782,22 €	3.231,85 €	6,14		
33	2008	1,90		39.363,96 €	3.280,33 €	6,23		
34	2009	1,80		39.954,42 €	3.329,53 €	5,99		
35	2010	1,70		40.553,73 €	3.379,48 €	5,75		
36	2011	1,70		41.162,04 €	3.430,17 €	5,83		
37	2012	1,60		41.779,47 €	3.481,62 €	5,57		
38	2013	1,60		42.406,16 €	3.533,85 €	5,65		
39	2014	1,60		43.042,25 €	3.586,85 €	5,74		
40	2015	1,50		43.687,89 €	3.640,66 €	5,46		
41	2016	1,50		44.343,21 €	3.695,27 €	5,54		
42	2017	1,40		45.008,35 €	3.750,70 €	5,25		
43	2018	1,40		45.683,48 €	3.806,96 €	5,33		
44	2019	1,30		46.368,73 €	3.864,06 €	5,02		
45	2020	1,30		47.064,26 €	3.922,02 €	5,10		
46	2021	1,30		47.770,23 €	3.980,85 €	5,18		
47	2022	1,20		48.486,78 €	4.040,57 €	4,85		
48	2023	1,20		49.214,08 €	4.101,17 €	4,92		
49	2024	1,20		49.952,29 €	4.162,69 €	5,00		
50	2025	1,10		50.701,58 €	4.225,13 €	4,65		
51	2026	1,10		51.462,10 €	4.288,51 €	4,72		
52	2027	1,10		52.234,03 €	4.352,84 €	4,79		
53	2028	1,00		53.017,54 €	4.418,13 €	4,42		
54	2029	1,00		53.812,81 €	4.484,40 €	4,48		
55	2030	1,00		54.620,00 €	4.551,67 €	4,55		
56	2031	1,00		55.439,30 €	4.619,94 €	4,62		
57	2032	0,90		56.270,89 €	4.689,24 €	4,22		
58	2033	0,90		57.114,95 €	4.759,58 €	4,28		
59	2034	0,90		57.971,68 €	4.830,97 €	4,35		
60	2035	0,90		58.841,25 €	4.903,44 €	4,41		
61	2036	0,90		59.723,87 €	4.976,99 €	4,48		
62	2037	0,80		60.619,73 €	5.051,64 €	4,04		
63	2038	0,80		61.529,02 €	5.127,42 €	4,10		
64	2039	0,80		62.451,96 €	5.204,33 €	4,16		
65	2040	0,80		63.388,74 €	5.282,39 €	4,23		
66	2041	0,80		64.339,57 €	5.361,63 €	4,29		
			Summe der VP ab2002			205,77	0,00	0,00
VP insgesamt	205,77	Messbetrag 4 €				823,08 €		
Zugangsfaktor		1,000	Punkterente			823,08 €	Rente ab	01.01.2042
			Zusatzrente in Prozent des Endgehalts			15,35%		
			Zusatzrente in Prozent p.a. ZVK-Zeit			0,38%		

Tabelle 9: Punkterente in Prozent des Endgehalts

Geburts-jahrgang	Eintritts-alter ZVK	AF*) Punkterente	Pflicht-versicherungs-jahre	Steigerung 1,0 % p.a.	Steigerung 1,5 % p.a.	Steigerung 2,0 % p.a.	Steigerung 2,5 % p.a.
1985	17	3,1	50 Jahre	23,92%	20,84%	18,26%	16,10%
1980	22	2,6	45 Jahre	20,28%	17,96%	15,98%	14,28%
1975	27	2,2	40 Jahre	17,07%	15,35%	13,85%	12,55%
1970	32	1,9	35 Jahre	14,17%	12,93%	11,84%	10,87%
1965	37	1,6	30 Jahre	11,55%	10,70%	9,93%	9,23%
*) AF = Altersfaktor am Anfang der Pflichtversicherungszeit							

Abbildung 6: Punkterente in Prozent des Endgehalts

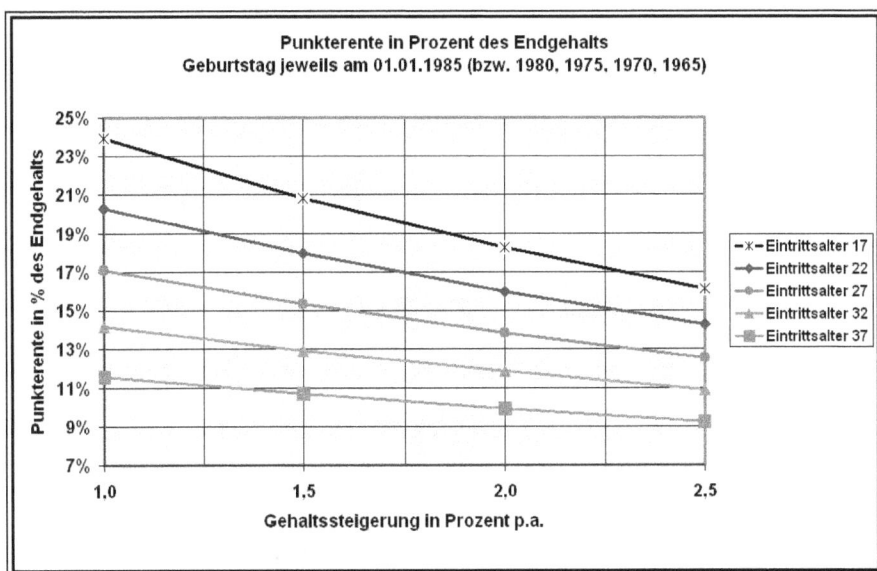

Die Tabelle 9 verdeutlicht, dass das Niveau der Punkterente umso niedriger ausfällt, je weniger Pflichtversicherungsjahre bis zum Rentenbeginn anfallen und je höher die Entgeltsteigerungen sind. Umgekehrt gilt:

Je mehr Pflichtversicherungsjahre und / oder je niedriger die Entgeltsteigerungen, desto höher die Punkterente in Prozent des Endgehalts.

Die Punkterente in Prozent des Endgehalts bzw. die Punkterente in Prozent des Endgehalts pro Jahr sind jeweils unabhängig vom gewählten monatlichen Einstiegsgehalt zu Beginn der Pflichtversicherungszeit, da sich durch die Verhältnisbildung der Einfluss des monatlichen Einstiegsgehalts herauskürzt.

Abbildung 7: Punkterente in Prozent des Endgehalts p.a.

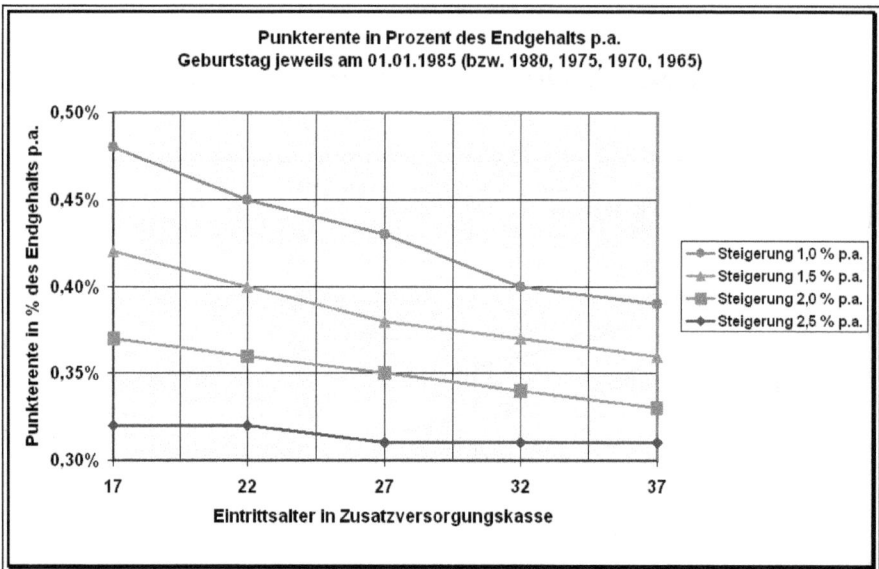

Aus Tabelle 9 ist unmittelbar ersichtlich, dass mit zunehmendem Eintrittsalter die Punkterente in Prozent des Endgehalts abnehmen muss, da mit steigendem Eintrittsalter in die Pflichtversicherung die Altersfaktoren zur Berechnung der Punkterente abnehmen.

Will man die Punkterente in Prozent des Endgehalts pro Jahr veranschaulichen (siehe die Abbildung 7), so ist zu erkennen, dass für höhere jährliche Gehaltssteigerungen die Punkterente in Prozent des Endgehalts sinkt, d.h. die prozentuale Zunahme der Punkterente durch Gehaltssteigerungen ist geringer als die prozentuale Zunahme des Endgehalts durch Gehaltssteigerungen.

Das Niveau der Punkterente liegt nach Abbildung 7 zwischen 0,31 und 0,48 Prozent des Endgehalts pro Jahr. Entgeltsteigerungen von durchgängig 2,5 Prozent pro Jahr wären optimistisch. Die Annahme von nur 1,5 Prozent Steigerung pro Jahr ist eher realistisch, wenn auch aus aktueller Sicht etwas zu pessimistisch. Zum Vergleich: In den Jahren 2002 bis 2016 betrug die durchschnittliche Brutto - Gehaltssteigerung der sozialversicherungspflichtigen Arbeitnehmer knapp 1,8 Prozent pro Jahr.[84]

Für das fiktiv gewählte obige Beispiel ist zudem aus Abbildung 7 erkennbar, dass nur Versicherte, die früh in die Pflichtversicherung eingetreten sind, also mit 17 bis 22 Jahren, auf eine Punkterente von 0,4 Prozent und mehr des Endgehalts pro Pflichtversicherungsjahr kommen können, wenn die konstante Gehaltssteigerung ab Versicherungsbeginn konstant 1,5 Prozent betragen würde.

Die **künftige individuelle Punkterente** in Euro bei Rentenbeginn kann man bequem mithilfe des VBL - Betriebsrentenrechners[85] in Abhängigkeit von der jährlichen Entgelterhöhung errechnen. Man braucht dazu nur das Geburtsdatum, das gewünschte Rentenseintrittsalter, das letzte Jahresbruttogehalt und die bisher erreichten Versorgungspunkte sowie die geschätzte jährliche Gehaltserhöhung in den Rechner eingeben. Wie stark die Entgelte künftig steigen, ist jedoch unsicher. Man setzt zur Vorsicht eine Steigerungsrate von 1 oder 2 Prozent pro Jahr an.

Man kann den VBL - Betriebsrentenrechner für die Berechnung der künftigen Punkterente selbstverständlich auch nutzen, wenn man

---

[84] http://www.sozialpolitik-aktuell.de/tl_files/sozialpolitik-aktuell/_Politikfelder/Einkommen-Armut/Datensammlung/PDF-Dateien/tabIII1.pdf

[85] https://www.vbl.de/de?t=/klassik/index&s=qivMGvDyPijthaYDoRM

bei einer anderen Zusatzversorgungskasse pflichtversichert ist. Im Internet[86] werden ähnliche Betriebsrentenrechner angeboten.

4.2.3. Denkbare Hochrechnungen für künftige Punkterenten ab 2025

Nach dem Willen der öffentlichen Arbeitgeber wurden ab 2002 in jeder Tarifverhandlung zur Zusatzversorgung die „kalkulatorischen Annahmen" bzw. „finanzmathematischen Grundlagen der Rentenformeln des Punktemodells" (also die Rechnungszinsen von 3,25 Prozent in der Anwartschaftsphase und 5,25 Prozent in der Rentenphase sowie die Heubeck-Sterbetafel 1998 über die fernere Lebenserwartung) hinterfragt, da das allgemeine Zinsniveau gesunken und die Lebenswartung gestiegen sei.

Bei der Argumentation der öffentlichen Arbeitgeber wurde jedoch völlig übersehen, dass die Zusatzversorgung des öffentlichen Dienstes nach dem Punktemodell bei der VBL West weiterhin nach dem **Umlagesystem** organisiert ist. Wie in der gesetzlichen Rentenversicherung werden die Umlagen direkt zur Finanzierung der Zusatzrenten verwandt („Generationenvertrag"). In einem umlagefinanzierten Alterssicherungssystem spielt die Höhe des Zinsniveaus überhaupt keine Rolle. Die Anpassung an eine höhere Lebenserwartung kann aber, wie bereits geschehen, durch eine Heraufsetzung der Regelaltersgrenze bis auf 67 Jahre ab dem Jahrgang 1964 erfolgen. Diese stufenweise Erhöhung der Regelaltersgrenze gilt mittlerweile auch für die Zusatzversorgung im öffentlichen Dienst.

Die von Arbeitgeberseite geforderten Leistungsabsenkungen stießen daher zu Recht auf den Widerstand der Gewerkschaften. Insbesondere für die jüngeren Arbeitnehmer im öffentlichen Dienst wäre eine Kürzung der Punkterente mit deutlichen Einbußen in der Zusatzversorgung verbunden. Auch die in Aussicht gestellten **Bonuspunkte** gemäß Altersvorsorgetarifvertrag (ATV)[87] hätten da kaum trösten können. Von 2002 bis

---

[86] http://www.n-heydorn.de/vbl.html

[87] a.a.O.: § 19 ATV

heute wurden bisher nur insgesamt 2 Prozent der Rentenanwartschaften für Bonuspunkte vergeben, und zwar jeweils 0,25 Prozent in acht Jahren. Auf ein Jahr umgerechnet, entspricht dies einer durchschnittlichen Erhöhung der Rentenanwartschaft von nur 0,13 Prozent pro Jahr in der Zeit von 2002 bis 2017.

Auf ggf. erfolgte Zuschläge zur Zusatzrentenanwartschaft (z.B. durch Änderungen bei der Startgutschrift) gibt es nach § 33 Abs. 7 Altersvorsorgetarifvertrag (ATV) bzw. § 73 Abs. 7 VBLS n.F. keine Anpassung der in gewissen Jahren den Versicherten zugeteilten Bonuspunkte.

Mit dem Tarifergebnis vom 28.03.2015 zur Zusatzversorgung wurde eine Leistungsabsenkung bis 31.12.2024 vermieden. Ab 2025 jedoch erscheint eine Leistungsabsenkung wahrscheinlich, wenn die Lebenserwartung weiter steigt und die Regelaltersgrenze nicht weiter erhöht wird. Rein technisch könnte eine Niveausenkung über die Reduzierung der Altersfaktoren (z.B. um 25 Prozent ab 2025) geschehen.

Bei um ein Viertel gekürzten Altersfaktoren bekämen beispielsweise 45-Jährige (aus dem Jahrgang 1980) in 2025 nur noch einen Altersfaktor von 0,98 statt wie bisher 1,3 Das Niveau der umlagefinanzierten Punkterente würde sich nach der Kürzung dem Niveau einer kapitalgedeckten freiwilligen Betriebsrente in Höhe der garantierten Rentenleistung wie beispielsweise bei dem von Anfang 2004 bis Ende 2002 geltenden Tarif VBLextra02 bei der VBL annähern. Damit würde die Zusatzversorgung für die Arbeitnehmer im öffentlichen Dienst aber deutlich weniger attraktiv.

Tabelle 10: Altersfaktorentabelle (ab 2025 fiktiv um 25 % reduziert) für Pflichtversicherte.

Alter	Altersfaktor	Alter	Altersfaktor
17	2,33	32 – 33	je 1,43
18	2,25	34	1,35
19	2,18	35 – 36	je 1,28
20	2,10	37 – 39	je 1,20
21	2,03	40 – 41	je 1,13
22	1,95	42 – 43	je 1,05
23	1,88	44 – 46	je 0,98
24 – 25	je 1,80	47 – 49	je 0,90
26	1,73	50 – 52	je 0,83
27 – 28	je 1,65	53 – 56	je 0,75
29	1,58	57 – 61	je 0,68
30 – 31	je 1,50	Ab 62	je 0,60

Wie hoch die neue Punkterente bei einer Kürzung um 25 Prozent ab 2025 ausfallen würde, zeigen Abbildung 8 und Abbildung 9.

Von einer Kürzung der Punkterente würden jeweils am 01.01.2002 in die Pflichtversicherung eingetretene jüngere Geburtsjahrgänge besonders betroffen. Das Niveau der gekürzten Punkterente würde sich für einen Einsteiger mit 27 Jahren (und jährlicher Gehaltssteigerung 1,5 Prozent ab Versicherungsbeginn) reduzieren von jährlich rund 0,38 Prozent des Endgehalts auf 0,35 Prozent des Endgehalts. Dies wäre gegenüber der bis Ende 2001 geltenden Zusatzrente eine Leistungskürzung um knapp 10 Prozent. Nach 40 Pflichtversicherungsjahren wären nicht mehr wie früher 15,35 Prozent des Endgehalts an Zusatzrente zu erwarten, sondern nur noch 13,97 Prozent.

Abbildung 8:
Reduzierte Punkterente in Prozent des Endgehalts p.a.

(Altersfaktoren ab 2025 fiktiv um 25 Prozent reduziert)

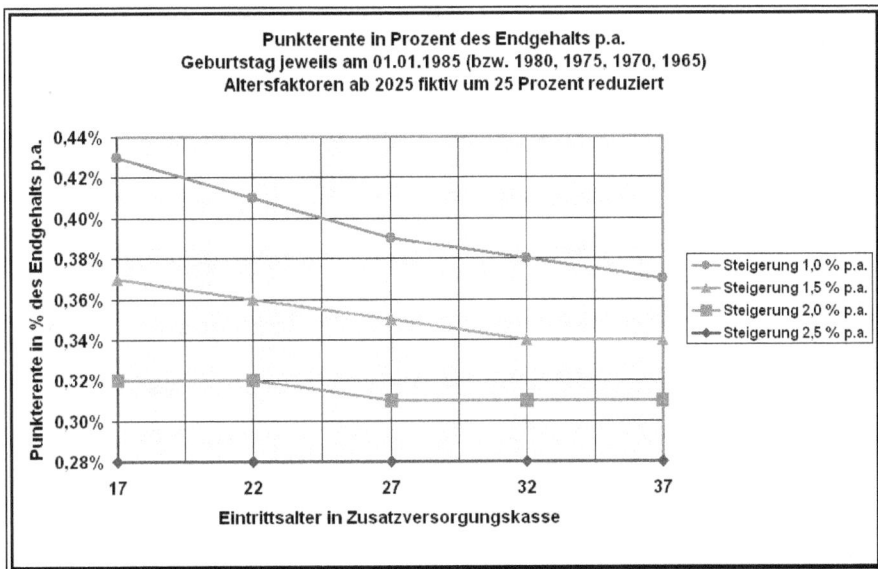

Punkterente in Prozent des Endgehalts p.a.
Geburtstag jeweils am 01.01.1985 (bzw. 1980, 1975, 1970, 1965)
Altersfaktoren ab 2025 fiktiv um 25 Prozent reduziert

Abbildung 9:

Reduzierte Punkterente in Prozent des Endgehalts

(Altersfaktoren ab 2025 fiktiv um 25 Prozent reduziert)

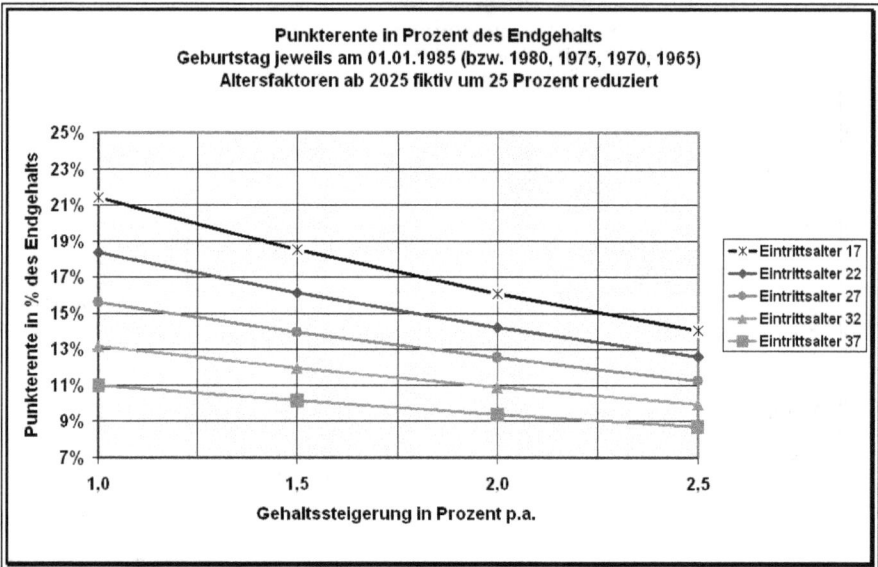

Punkterente in Prozent des Endgehalts
Geburtstag jeweils am 01.01.1985 (bzw. 1980, 1975, 1970, 1965)
Altersfaktoren ab 2025 fiktiv um 25 Prozent reduziert

4.3. ZUSATZRENTE AUS STARTGUTSCHRIFT UND PUNKTERENTE

Die zu erwartende Zusatzrente als "Betriebsrentenanwartschaft" des öffentlichen Dienstes ist zwar für alle Versicherten, die ab 01.01.1985 geboren wurden und frühestens zum 01.01.2002 in die Pflichtversicherung eingetreten sind, eine Rentenanwartschaft ausschließlich nach dem neuen Punktemodell.

Für Personen älterer Jahrgänge, die bereits vor dem 01.01.2002 in einer Zusatzversorgungskasse pflichtversichert waren, mussten jedoch Übergangsregelungen (Startgutschriften zum Stand 31.12.2001) vom alten Gesamtversorgungsmodell zum neuen Punktemodell gefunden werden.

Abbildung 10: Gemischte Zusatzrente im öffentlichen Dienst

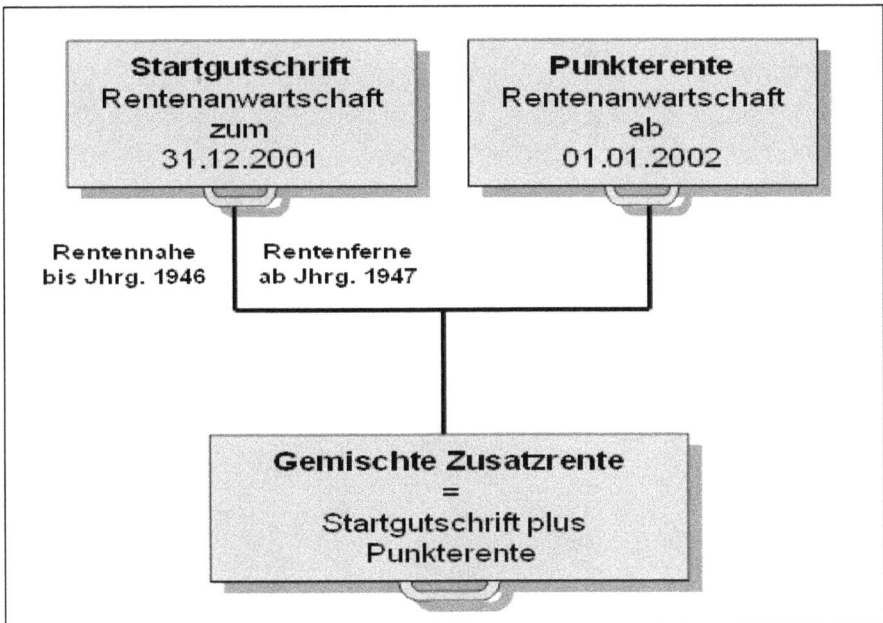

Für Pflichtversicherte, die bereits vor 2002 in den öffentlichen Dienst eingetreten sind, setzt sich die Zusatzrentenanwartschaft aus einer Mischung (vgl. Abbildung 10) von Startgutschrift (bis 31.12.2001 erdiente Ansprüche) und neuer Punkterentenanwartschaft (Ansprüche ab 01.01.2002) zusammen.

Es wird bei der Berechnungsweise der Startgutschriften unterschieden:

- Renten**nahe** Startgutschrift (Versicherte hatten zum Stichtag 01.01.2002 bereits das 55. Lebensjahr vollendet, d.h. Geburtstag 01.01.1947 oder früher)
- Renten**ferne** Startgutschrift (Versicherte hatten zum Stichtag 01.01.2002 das 55. Lebensjahr noch nicht vollendet, d.h. Geburtstag 02.01.1947 oder später).

Die zum Stichtag rentennahen Versicherten sind spätestens zum 31.12.2011 mit Erreichen des 65. Lebensjahres in Rente gegangen. Für die Jahrgänge ab 1947 gelten also nur die Berechnungsweisen für rentenferne Versicherte.

4.3.1. Rentenferne Startgutschriften

Die Berechnungsweise für die rentenfernen Startgutschriften muss das bis Ende 2001 geltende System der Gesamtversorgung zumindest widerspiegeln. Die frühere Zusatzrente ergänzte die gesetzliche Rente so, dass der Versorgungsrentner nach 40 Pflichtversicherungsjahren mit einer Nettogesamtversorgung in Höhe von 91,75 Prozent des Nettoarbeitsentgelts rechnen konnte. Die Zusatzrente hatte also eine Auffüllfunktion und hing außer vom Bruttoentgelt und der Anzahl der Pflichtversicherungsjahre noch von externen Faktoren (individuelle Steuer- und Abgabenbelastung, Höhe der gesetzlichen Rente usw.) ab.

Die Berechnungen der rentenfernen Startgutschrift erfolgen gemäß Altersvorsorgetarifvertrag (ATV).[88] Dort heißt es: „Die Anwartschaften der am 31. Dezember 2001 schon und am 1.1.2002 noch Pflichtversicherten berechnen sich nach § 18 Abs. 2 BetrAVG, soweit sich aus Absatz 2 nichts anderes ergibt".

Die Berechnungsformel nach Paragraf 18 des Betriebsrentengesetzes (BetrAVG) war ursprünglich nur für Arbeitnehmer gedacht, die aus dem öffentlichen Dienst ausschieden. Die Tarifparteien haben jedoch im November 2001 diese Berechnungsformel auch für die Startgutschrift-Berechnungen der damals Rentenfernen genutzt. Die komplexe Vorgehensweise errechnet die rentenfernen Startgutschriften nicht individuell, sondern eher pauschal nach bestimmten Kriterien, die zum Teil auch auf Regelungen der alten Gesamtversorgung zurückgreifen (z.B. Ermittlung des fiktiven Nettogehalts aufgrund der Steuerklasse 1 oder 3 sowie der früheren einfachen Versicherungsrente als Mindestrente).

Bemerkung:

Ein Prozentsatz (Anteilssatz oder Versorgungssatz pro Jahr genannt) zum Beispiel in Punkt 6 der Tabelle 11 ergibt sich immer nur bei der Be-

---

[88] a.a.O.: § 33 Abs. 1 ATV

rechnung der rentenfernen Startgutschriften zum 31.12.2001 nach dem Formelbetrag.[89]

Das Rechenschema für die rentenferne Startgutschrift lässt sich visualisieren (vgl. Abbildung 11).

Abbildung 11: Schema der rentenfernen Startgutschrift (Regelung 2017)

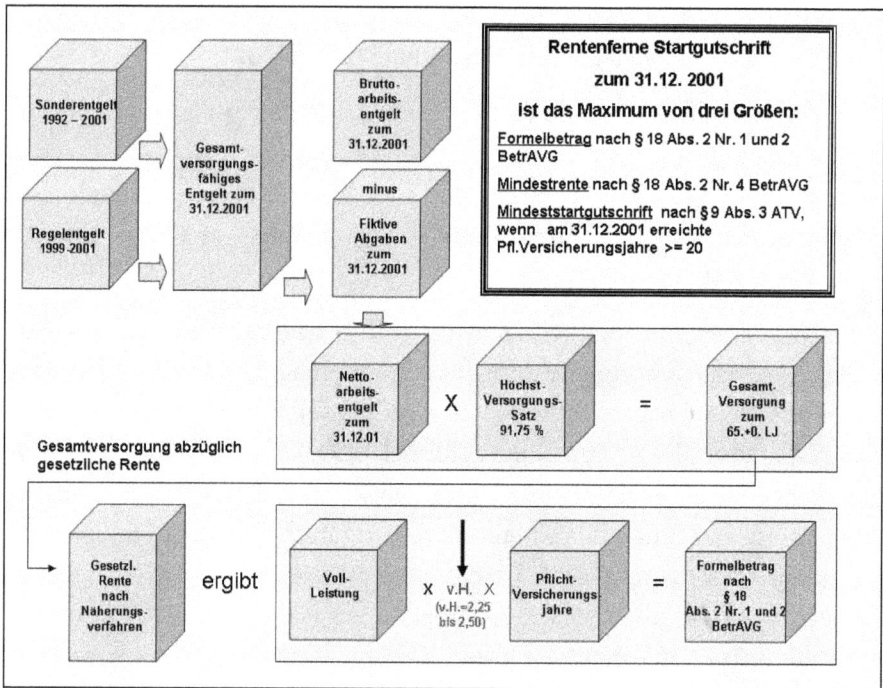

---

[89] a.a.O.: § 18 Abs. 1 Nr. 2 BetrAVG

Tabelle 11: Berechnungsvorschriften der rentenfernen Startgutschrift

1. Summe der gewichteten Jahresentgelte 1999, 2000 u. 2001 : 36	= gesamtversorgungs- fähiges Entgelt (gvE)
2. gv. Entgelt(Ziff.1) minus Abzüge durch Steuern und Sozialabgaben (Stand 31.12.2002) fiktiv	= fiktives Nettoarbeitsentgelt abhängig von der am 31.12.2001geltenden Steuerklasse
3. 91,75 % vom fiktiven Netto (Ziff. 2) = maximale Gesamtversorgung (fiktiv)	
4. Ermittlung der fiktiven gesetzlichen Rente vom 20.-65. Lebensjahr nach dem sog. Näherungsverfahren (s. §18 Abs.2 Betriebsrentengesetz) (Bei der "Näherungsrechung für gesetzliche Rente" wird unterstellt: 45 Jahre lang Beiträge auf Basis des jetzigen Einkommens	= fiktive Näherungsrente
5. Maximale Gesamtversorgung (fiktiv) minus gesetzliche Näherungsrente (fiktiv)	= Voll - Leistung
6. Pflichtversicherungszeit (Umlagemonate im öffentl. Dienst: 12) x 2,25% bis maximal 2,5% je Jahr; Zur Berechnung des variablen Versorgungssatzes wird zunächst die Zeit vom erstmaligen Beginn der Pflichtversicherung bis zum Ende des Monats ermittelt, in dem das 65. Lebensjahr vollendet wird. Anschließend werden 100 Prozent durch diese Zeit in Jahren geteilt (100 Prozent / Zeit in Jahren).	= Versorgungssatz (variabel)

7. Voll-Leistung (Ziff.5)
  x Versorgungssatz (Ziff.6) =
  Formelbetrag nach §18 Abs. 2 Nr. 1 und Nr. 2
  BetrAVG
	= anteilige Versorgung
	(Formelbetrag in Euro)

8. Versorgung (Ziff.7) geteilt durch 4 Euro	= Versorgung in Punkten (VP)
Vergleichswerte:	
9. Mindestrente nach §18 Abs. 2 Nr. 4 BetrAVG sogenannte einfache Versicherungsrente	= Mindestrente in Euro

10. Mindeststartgutschrift (soziale Komponenten)
  Falls 20 volle ZVK – Jahre bereits am
  31.12.2001 erreicht sind: 1,84 VP x 4 € x volle
  Pflichtversicherungjahre
	= Mindeststartgutschrift in Euro

11. Maximum der Zahlenwerte aus:
  Nr. 7 (Formelbetrag)
  Nr. 9 (Mindestrente)
  Nr. 10 (Mindeststartgutschrift)
	= Startgutschrift in Euro

Eine Besonderheit bei den kirchlichen Zusatzversorgungskassen

Bei der Berechnung der Rentenanwartschaften zum 31.12.2001 (Startgutschriften) gibt es für rentenferne Pflichtversicherte (ab Jahrgang 1947) eine wichtige Besonderheit. Im Gegensatz zur VBL und anderen Zusatzversorgungskassen erhalten die in kirchlichen Zusatzversorgungskassen pflichtversicherten Rentenfernen auf jeden Fall die sog. **Mindestversorgungsrente** in Höhe von 0,4 Prozent des gesamtversorgungsfähigen Entgeltes in 2001 pro Jahr für jedes volle Pflichtversicherungsjahr bis Ende 2001.

Die entsprechende Sonderregelung findet sich etwas versteckt in den Satzungen der kirchlichen Zusatzversorgungskassen (siehe zum Beispiel die Satzung *neuer* Fassung der Kirchlichen Zusatzversorgungskasse des Verbandes der Diözesen Deutschlands in Köln, in dem auf den § 35a der

Satzung _alter_ Fassung (a.F.)[90] verwiesen wird).[91] Die kirchlichen Arbeitgeber sind nach Rechtsanwalt Hügelschäffer (AKA) „*im Gegensatz zu den kommunalen Kassen und der VBL nicht dazu verpflichtet, das Versorgungstarifrecht des öffentlichen Dienstes deckungsgleich umzusetzen*".[92] Bei der auch für Rentenferne geltenden Mindestversorgungsrente sind die kirchlichen Zusatzversorgungskassen somit zugunsten dieser Pflichtversicherten von der Berechnungsweise anderer Zusatzversorgungskassen abgewichen.

Positive Folge für die betroffenen rentenfernen Pflichtversicherten bei den Kirchen: Die Mindestversorgungsrente wird dann als Startgutschrift festgelegt, wenn die anderen Beträge (Formelbetrag nach Paragraf 18 des Betriebsrentengesetzes, Mindestrente nach Beiträgen oder Mindeststartgutschrift) unter die 0,4 Prozent p.a. -Grenze fallen. Insbesondere rentenferne Pflichtversicherte bei den Kirchen, die am 31.12.2001 alleinstehend waren, haben dadurch einen deutlichen finanziellen Vorteil gegenüber den alleinstehenden Rentenfernen bei der VBL.

Rentenferne Startgutschrift und Punkterente eines rentenfernen Versicherten lassen sich am besten mit einem Zahlenbeispiel demonstrieren.

Beispiel gemischte Zusatzrente (Jahrgang 1951, verheiratet):

Ein verheirateter Versicherter sei am 01.08.1951 geboren. Dann gilt für die Startgutschrift zum 31.12.2001 noch das Regeleintrittsalter 65 Lebensjahre. Für die Punkterente jedoch hat sich der Eintritt in die gesetzliche Regelaltersrente um 5 Monate nach hinten verschoben. Der Eintritt in die gesetzliche Rente erfolgt dann für den Versicherten am 01.01.2017. Der Versicherte sei am 01.01.1977 in die Pflichtversicherung der Zusatzversorgung (z.B. VBL) eingetreten. Als Bruttomonatseinkommen werde für 2001

---

[90] Satzung KZVK a.F. dort § 73 Abs. 1 Satz 3

[91] http://www.kzvk.de/fileadmin/media/downloads/Kassensatzung.pdf

[92] H. Hügelschäffer,"Die Startgutschriften der Zusatzversorgungseinrichtungen des öffentlichen und kirchlichen Dienstes auf dem Prüfstand - Teil 2, ZTR Heft 6, 2004, 278 - 286, Zitat auf Seite 285 unten

http://portal.versorgungskammer.de/portal/page/portal/aka/veroeffentlichungen/rd065-2004_anlage2.pdf und 2002 jeweils 3.000 Euro (Jahreseinkommen also jeweils 36.000 Euro) angenommen. Bis zum 31.12.2001 werden 25 Jahre Pflichtversicherung erreicht, die weiteren 15 Jahre Pflichtversicherung bis zur neuen Regelaltersrente führen zur anteiligen Punkterente. Um die Punkterente abzuschätzen, werde angenommen, dass ab 2003 bis zum Rentenbeginn am 01.01.2017 das Gehalt um 1,7 Prozent jährlich steigt. Das entspricht der jährlichen Steigerung der Durchschnittsentgelte in der gesetzlichen Rentenversicherung von 2002 bis 2016.[93] Das monatliche Bruttoentgelt wächst unter dieser Annahme von 3.000 Euro in 2002 auf 3.800 Euro am Ende von 2016, d.h um knapp 27 Prozent gegenüber 2002. Die ab 2002 erworbene Punkterente beträgt dann 186,84 Euro.

Mit einem frei im Internet verfügbaren Rechner[94] kann man die Startgutschrift des am 31.12.2001 verheirateten rentenfernen Beispielversicherten genau ermitteln, wenn dazu errechnete Werte herangezogen werden für 91,75 Prozent des Nettoentgelts (1.990,87 Euro), die gesetzliche Näherungsrente (1.337 Euro), die Mindestrente (204 Euro), die Mindeststartgutschrift (184 Euro) und den jährlichen Versorgungssatz (dieser beträgt 2,5 Prozent, da sich die Anzahl der bis zur Rente mit dem vollendeten 65. Lebensjahr erreichbaren Pflichtversicherungsjahre auf weniger als 40 Jahre beläuft, hier also Minimum von 100/39,58 und 2,5). Der Formelbetrag in Höhe von 306,01 Euro ist als Maximum der Größen (Mindestrente, Mindeststartgutschrift, Formelbetrag) die rentenferne Startgutschrift des Beispielversicherten.

Bei Renteneintritt am 01.01.2017 würde der Versicherte 492,85 Euro als Brutto - Zusatzrente erhalten. Dies ist die Summe aus Startgutschrift von 306,01 Euro und Punkterente von 186,84 Euro. Von der Brutto - Zusatzrente sind zurzeit noch Beiträge zur gesetzlichen Kranken- und Pflegeversicherung von 14,6 Prozent GKV – Beitrag plus durchschnittlicher Zusatzbeitrag 1,1 Prozent in der GKV plus 2,55 bzw. 2,80 Prozent GPV – Beitrag abzuziehen. Von der Brutto - Zusatzrente verbleiben nach Abzug

---

[93] monatliche DRV - Durchschnittsentgelte (2002; 2016): A=2.385,50 € bzw. B=3.022,25 €; n=2016-2002=14

$$q = e^{\ln(B/A)/n} = (1 + p/100) = 1,0170; \text{ also } p = 1,70 \text{ Prozent}$$

[94] http://www.startgutschriften-arge.de/7/Fischer_STGN.zip

der KV- / PV - Beiträge als Netto - Zahlbetrag 403 bzw. 402 Euro. Zum Vergleich: Laut dem Sechsten Versorgungsbericht[95] der Bundesregierung von 2016 betrug der durchschnittliche Zahlbetrag eines Neurentners in 2014 rund 380 Euro.

Fazit: Die Startgutschrift pro Jahr (p.a.) beträgt bei 25 Jahren Pflichtversicherung bis 31.12.2001 rund 0,41 Prozent p.a. des Bruttoentgelts in 2002 von 3.000 Euro Monatsentgelts, aber nur 0,32 Prozent p.a. des Bruttoentgelts Ende 2016.

Die Punkterente pro Jahr (p.a.) macht bei 15 Jahren Pflichtversicherung vom 01.01.2002 bis 31.12.2016 rund 0,33 Prozent des Bruttoendgehalts in 2016 von 3.800 Euro aus, wenn es ab 2003 eine konstante jährliche Entgelterhöhung von 1,70 Prozent gegeben hätte.

Die Brutto-Zusatzrente als Summe aus Startgutschrift und Punkterente beträgt 12,97 Prozent des Bruttoendgehalts von 3.800 Euro und liegt bei insgesamt 40 Pflichtversicherungsjahren, somit bei 0,32 Prozent des Bruttoendgehalts pro Jahr, sofern Bonuspunkte bei dieser Berechnung unberücksichtigt bleiben.

4.3.2. Struktureigenschaften der gemischten Zusatzrente

Nach der am 13.11.2001 beschlossenen Reform der Zusatzversorgung und der Verabschiedung eines Altersvorsorgeplans gilt für _alle_ Versicherten die „neue" Zusatzrente. Diese Rente ist für alle, die ab 2002 in Rente gehen, völlig von der gesetzlichen Rente abgekoppelt. Wie bei der gesetzlichen Rente spielt die Steuerklassenfestlegung zu einem bestimmten Zeitpunkt (Stichtag) keinerlei Rolle mehr. Die neue Zusatzrente wird nach einem rein gehalts- und altersorientierten Versorgungspunktemodell berechnet.

Für Geburtsjahrgänge ab 1947, die schon _vor_ dem 31.12.2001 in die Pflichtversicherung eingetreten sind, gibt es jedoch Übergangsregelungen

---

[95] a.a.O.: (vgl. dort Tabelle V-15)

von der alten zur neuen Zusatzversorgung, nämlich die **Punkterente** ab 01.01.2002 **und** die **Startgutschriften** für bereits erdiente Rentenanwartschaften bis zum 31.12.2001. Dort geht die zum Umstellungszeitpunkt festgelegte Steuerklasse (StKl. 3 für Verheiratete und StKl. 1 für Alleinstehende) unabänderlich ein.

Die Auswirkungen der zum Stichtag 31.12.2001 festgelegten Steuerklasse sind an einer Veränderung des fiktiven Nettoentgelts bei der Berechnung der rentenfernen Startgutschrift erkennbar und haben daher großen Einfluss auf die persönliche Voll - Leistung (= 91,75 Prozent des fiktiven Nettoentgelts minus die fiktive gesetzliche Näherungsrente).

Tabelle 12: Startgutschrift Beispielfall (alleinst. bzw. verh.)

Beispielfall (geboren 01.08.1951)	StKl. 1	StKl. 3
Geburtsdatum	01.08.1951	01.08.1951
Eintritt in ZVK	01.01.1977	01.01.1977
PFL-Versicherung (von-bis)	01.77-31.12.01	01.77-31.12.01
davon Pflichtvers. in Jahren (PFLJ)	25,00	25,00
gesamtversorgungsfähiges Entgelt (gvE)	3.000,00 €	3.000,00 €
Fiktives Nettoarbeitentgelt (NAG)	1.674,28 €	1.990,87 €
Höchstversorgungssatz (HVS)	0,9175	0,9175
Gesamtversorgung (GV): = NAG x HVS	1.536,15 €	1.826,62 €
fiktive gesetzl. Näherungsrente (NR)	1.337,00 €	1.337,00 €
Voll-Leistung (VL): = GV minus NR	199,15 €	489,62 €
Versorgungssatz(VS):= PFLJ x 2,5 %	0,6250	0,6250
Betriebsrente aus Voll-Leistung: VL x VS	124,47 €	306,01 €
Mindestrente	204,00 €	204,00 €
Formelbetrag §18 Abs2 Nr. 1 u. 2 BetrAVG	124,47 €	306,01 €
Mindest-STG (soziale Komponenten) in €	184,00 €	184,00 €
Startgutschrift STG in € (neue Regelung in 2017)	204,00 €	306,01 €
=Maximum aus Mindestrente, Formelbetrag und Mindest-Startgutschrift		
Startgutschrift in Prozent des Gehalts (gvE)	6,80%	10,20%
Startgutschrift p.a.	0,27%	0,41%
Verlust (alleinst.) gegenüber (verh.) in %	33,34%	

Beispiel (Jahrgang 1951, alleinstehend):

Mit den gleichen sonstigen Versicherungsdaten wie im vorigen Beispiel des 1951 geborenen Versicherten ergeben sich nun erhebliche Veränderungen.

Anstelle des Nettoentgelts von 1.990,87 Euro (bei StKl. 3) sind nun nur noch 1.674,28 Euro anzusetzen. Die Voll - Leistung beträgt 1.536,15 Euro (= 0,9175 x 1.674,28 Euro) minus der fiktiven gesetzlichen Näherungsrente von 1.337 Euro, also nur noch 199,15 Euro (alleinstehend) anstelle von 489,62 Euro (verheiratet). Der vom Versicherten bis 31.12.2001 erreichte persönliche Versorgungssatz beträgt in beiden Fällen 62,50 Prozent. Die Multiplikation des Versorgungssatzes mit der jeweiligen Voll -Leistung ergibt den Formelbetrag von 124,47 Euro (alleinstehend) bzw. 306,01 Euro (verheiratet), das ist eine Verringerung um mehr als 50 Prozent. Damit der Alleinstehende bei gleicher Bruttoentgelt - Leistung hinsichtlich der Rentenanwartschaft zum 31.12.2001 gegenüber dem Verheirateten nicht ins Bodenlose fällt, greift eine der zwei unteren Mindestwerte nach Tabelle 11 ein. Im Fall des alleinstehenden Beispielversicherten wird dessen Startgutschrift 204 Euro nun aber von der Mindestrente bestimmt, denn die Mindeststartgutschrift von 184 Euro und der Formelbetrag von 124,27 Euro liegen noch niedriger.

Der Verlust des am 31.12.2001 Alleinstehenden gegenüber einem Verheirateten beträgt im Beispielfall 33,34 Prozent. Nach Kapitel 4.3.1 wurde die Punkterente für das Beispiel zu 186,84 Euro, so dass die aus Startgutschrift und Punkterente zusammengesetzte Zusatzrente nun insgesamt 390.84 Euro ausmacht im Vergleich zu den 502,85 Euro bei dem am 31.12.2001 verheirateten Beispielversicherten.

Systematische Schlüsselfragen:

- Was kann als "Messlatte" für die Bewertung der rentenfernen Startgutschrift gegenüber der früheren Gesamtversorgung bis Ende 2001 dienen?
- Was ist der Grund für den starken Abfall des nach Paragraf 18 des Betriebsrentengesetzes (BetrAVG) zu errechnenden Formelbetrags

pro Jahr bei einer Veränderung der Steuerklasse? Wer ist betroffen vom starken Abfall?

- Wie ist die prozentuale Aufteilung zwischen rentenfernen Alleinstehenden und rentenfernen Verheirateten?
- Für welche Gehaltsgruppen dominieren bei der Berechnung der rentenfernen Startgutschrift die Mindestrente, die Mindeststartgutschrift oder der Formelbetrag?
- Welche Versicherten können nach der Neuregelung der Zusatzversorgung vom 08.06.2017 (Übergang von einem festen jährlichen Versorgungssatz von 2,25 Prozent auf einen variablen jährlichen Versorgungssatz bis maximal 2,5 Prozent) eine Erhöhung ihrer alten Startgutschrift erwarten?

Vergleichsmaßstab

In der alten Gesamtversorgung des öffentlichen Dienstes galt unter bestimmten Nebenbedingungen die Regelung, dass 0,4 Prozent des Endgehalts pro Jahr (p.a. = per annum) Pflichtversicherungszeit als Versorgungsrente gewährt wurde. Daher kann die Berechnung pro Jahr ein geeigneter Vergleichsmaßstab für die alte und neue Zusatzversorgung sein. Dieser Vergleichsmaßstab wird nach wie vor bei kirchlichen Zusatzversorgungskassen eingesetzt.

Abfall des Formelbetrags pro Jahr bei Änderung der Steuerklasse

Der Grund für den starken Abfall des Formelbetrags pro Jahr ist die **Steuerprogression** der Steuertabelle aus 2001 für große Teile von Normal- bis Höherverdienern.

Höhere Lohnsteuern in Lohnsteuerklasse 1/0 bei den Alleinstehenden drücken das Nettoarbeitsentgelt in 2001 und damit die für die Grundformel[96] anzusetzende Nettogesamtversorgung in Höhe von 91,75 Prozent des Nettoarbeitsentgelts sehr viel stärker nach unten im Vergleich zu den Verheirateten. Von dieser niedrigeren Nettogesamtversorgung wird dann die fiktive gesetzliche Rente nach dem Näherungsverfahren (Berechnung

---

[96] gem. § 18 Abs. 2 BetrAVG

ist für Alleinstehende und Verheiratete gleich) abgezogen, so dass sich am Ende eine deutlich niedrigere Voll-Leistung und damit ein geringerer Formelbetrag für am 31.12.2001 Alleinstehende ergibt.

Durch den Wegfall des unteren "Sicherheitsnetzes" von 0,4 Prozent des gesamtversorgungsfähigen Entgelts pro Jahr fallen die Startgutschriften (als Maximum aus Mindestrente, Mindeststartgutschrift und Formelbetrag) für bestimmte Gruppen von alleinstehenden Rentenfernen zum Teil ins Bodenlose.

Abbildung 12: Formelbetrag in Prozent pro Jahr (p.a.) nach der Grundformel in § 18 Abs. 2 Nr. 1 BetrAVG

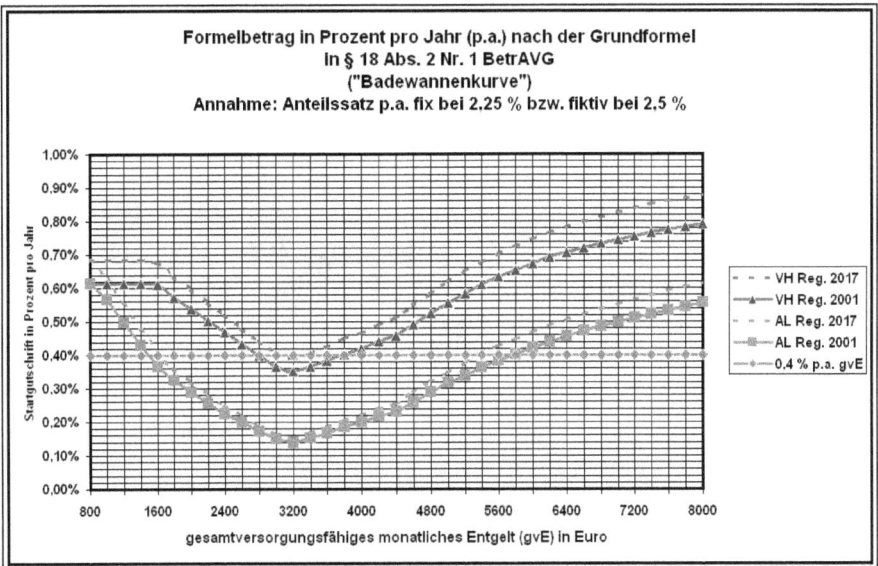

In allen offiziellen Beispielrechnungen der Tarifparteien und Zusatzversorgungskassen für die Ermittlung der rentenfernen Startgutschrift tauchten ausschließlich verheiratete Rentenferne auf, bei denen die Mindestrente[97] sowie die Mindeststartgutschrift[98] faktisch keine Rolle spiel-

---

[97] a.a.O.: § 18 Abs. 2 Nr. 4 BetrAVG

[98] a.a.O.: § 9 Abs. 3 ATV

ten. Der alte/neue Formelbetrag[99] (nach der Regelung aus 2001: fix 2,25 Prozent der Voll-Leistung p.a., jedoch variabel nach der Regelung von 2017: von 2,25 bis 2,5 Prozent p.a.) liegt bei Verheirateten nun einmal häufig **über** den Mindestwerten und ist daher identisch mit der bisherigen Startgutschrift.

Der linke Teil der „U-Kurve" der Abbildung 12 mit prozentual sinkenden Formelbeträgen ist das getreue Spiegelbild der **Steuerprogression**. Bis zu Einkommen von 3.100 Euro steigt die durchschnittliche Steuerbelastung vor allem bei Alleinstehenden stark an. Je stärker aber der Durchschnittssteuersatz mit steigendem Einkommen steigt, desto geringer fallen die Zuwächse beim Nettoarbeitsentgelt und bei der Nettogesamtversorgung aus, während andererseits die Näherungsrente prozentual bis zum Erreichen der Beitragsbemessungsgrenze von 4.448,24 Euro für 2001 in der gesetzlichen Rentenversicherung steigt. Von diesen prozentual sinkenden Formelbeträgen pro Jahr der Startgutschriften sind somit alle Normalverdiener betroffen. Ein früheres Sicherheitsnetz - die garantierte qualifizierte Versicherungsrente von 0,4 Prozent des Endgehalts pro Pflichtversicherungsjahr - gibt es in der neuen Zusatzversorgung des öffentlichen Dienstes nicht mehr.

Ganz anders sieht der rechte Teil der „U-Kurve" mit **prozentual steigenden Formelbeträgen** ab monatlichen Einkommen von 3.100 Euro aus. Infolge der prozentual sinkenden und ab 4.448,24 Euro (Beitragsbemessungsgrenze in 2001) sogar absolut gleichbleibenden Näherungsrente vergrößert sich der Abstand zur Nettogesamtversorgung rapide, obwohl sich die Steuerprogression weiter fortsetzt.

Die „Zusatzrentendegression" wirkt sich viel stärker aus als die Steuerprogression. Dadurch steigt die Differenz zwischen Nettogesamtversorgung und bei hohen Einkommen sogar konstanter Näherungsrente immer schneller an. Am meisten profitieren davon die verheirateten Spitzenverdiener mit Einkommen ab etwa 5.000 Euro. Die alleinstehenden Normalverdiener haben allerdings nichts davon (siehe Abbildung 12 und Tabelle 13).

---

[99] a.a.O.: § 18 Abs. 2 Nr. 1 BetrAVG

Alleinstehende mit einem gesamtversorgungsfähigen Entgelt von 2.000 bis 4.000 Euro erhalten besonders wenig als *Formelbetrag* in Prozent des letzten Gehalts pro bis Ende 2001 erreichtem Pflichtversicherungsjahr sowohl nach der alten Regelung 2001 wie auch der neuen Regelung 2017. Tiefpunkte der Kurven werden mit 0,14 Prozent (Regelung 2001) bzw. 0,15 Prozent pro Jahr (Regelung 2017) jeweils bei 3.200 Euro gemessen.

Tabelle 13: Formelbetrag in % des gvE p.a. gemäß Regeln aus 2001 bzw. 2017

Formelbetrag in % p.a. (2001) (bei 2,25 % p.a. fix)				Formelbetrag in % p.a. (2017) (bei 2,5 % p.a. fix)			
gvE(€)	Alleinstehende	Verheiratete	0,4% gvE p.a.	gvE(€)	Alleinstehende	Verheiratete	0,4% gvE p.a.
800,00	0,61%	0,61%	0,40%	800,00	0,68%	0,68%	0,40%
1000,00	0,57%	0,61%	0,40%	1000,00	0,63%	0,68%	0,40%
1200,00	0,50%	0,61%	0,40%	1200,00	0,55%	0,68%	0,40%
1400,00	0,43%	0,61%	0,40%	1400,00	0,48%	0,68%	0,40%
1600,00	0,37%	0,61%	0,40%	1600,00	0,41%	0,68%	0,40%
1800,00	0,32%	0,57%	0,40%	1800,00	0,36%	0,64%	0,40%
2000,00	0,29%	0,54%	0,40%	2000,00	0,32%	0,60%	0,40%
2200,00	0,26%	0,50%	0,40%	2200,00	0,28%	0,56%	0,40%
2400,00	0,23%	0,47%	0,40%	2400,00	0,25%	0,52%	0,40%
2600,00	0,20%	0,43%	0,40%	2600,00	0,22%	0,48%	0,40%
2800,00	0,17%	0,40%	0,40%	2800,00	0,19%	0,44%	0,40%
3000,00	0,15%	0,37%	0,40%	3000,00	0,17%	0,41%	0,40%
3200,00	0,14%	0,35%	0,40%	3200,00	0,15%	0,39%	0,40%
3400,00	0,15%	0,37%	0,40%	3400,00	0,17%	0,41%	0,40%
3600,00	0,17%	0,38%	0,40%	3600,00	0,19%	0,43%	0,40%
3800,00	0,19%	0,40%	0,40%	3800,00	0,21%	0,45%	0,40%
4000,00	0,20%	0,42%	0,40%	4000,00	0,22%	0,47%	0,40%
4200,00	0,22%	0,44%	0,40%	4200,00	0,24%	0,49%	0,40%
4400,00	0,23%	0,46%	0,40%	4400,00	0,26%	0,51%	0,40%
4600,00	0,26%	0,49%	0,40%	4600,00	0,29%	0,55%	0,40%
4800,00	0,29%	0,53%	0,40%	4800,00	0,32%	0,58%	0,40%
5000,00	0,32%	0,56%	0,40%	5000,00	0,35%	0,62%	0,40%
5200,00	0,34%	0,58%	0,40%	5200,00	0,38%	0,65%	0,40%
5400,00	0,36%	0,61%	0,40%	5400,00	0,40%	0,68%	0,40%
5600,00	0,38%	0,63%	0,40%	5600,00	0,43%	0,70%	0,40%
5800,00	0,40%	0,65%	0,40%	5800,00	0,45%	0,73%	0,40%
6000,00	0,42%	0,67%	0,40%	6000,00	0,47%	0,75%	0,40%
6200,00	0,44%	0,69%	0,40%	6200,00	0,49%	0,77%	0,40%
6400,00	0,46%	0,71%	0,40%	6400,00	0,51%	0,78%	0,40%
6600,00	0,47%	0,72%	0,40%	6600,00	0,52%	0,80%	0,40%
6800,00	0,49%	0,73%	0,40%	6800,00	0,54%	0,81%	0,40%
7000,00	0,50%	0,75%	0,40%	7000,00	0,55%	0,83%	0,40%
7200,00	0,51%	0,76%	0,40%	7200,00	0,57%	0,84%	0,40%
7400,00	0,52%	0,77%	0,40%	7400,00	0,58%	0,85%	0,40%
7600,00	0,53%	0,77%	0,40%	7600,00	0,59%	0,86%	0,40%
7800,00	0,55%	0,78%	0,40%	7800,00	0,61%	0,87%	0,40%
8000,00	0,56%	0,79%	0,40%	8000,00	0,62%	0,88%	0,40%
8200,00	0,57%	0,80%	0,40%	8200,00	0,63%	0,89%	0,40%
8400,00	0,57%	0,80%	0,40%	8400,00	0,64%	0,89%	0,40%
8600,00	0,58%	0,81%	0,40%	8600,00	0,65%	0,90%	0,40%
8800,00	0,59%	0,81%	0,40%	8800,00	0,66%	0,90%	0,40%
9000,00	0,60%	0,82%	0,40%	9000,00	0,67%	0,91%	0,40%
9200,00	0,61%	0,82%	0,40%	9200,00	0,68%	0,91%	0,40%
9400,00	0,62%	0,82%	0,40%	9400,00	0,68%	0,92%	0,40%
9600,00	0,62%	0,83%	0,40%	9600,00	0,69%	0,92%	0,40%
9800,00	0,63%	0,83%	0,40%	9800,00	0,70%	0,92%	0,40%
10000,00	0,64%	0,83%	0,40%	10000,00	0,71%	0,93%	0,40%

Regelung 2001:

Verheiratete Verdiener ab einem gesamtversorgungsfähigen Entgelt (mit „gvE" in der Tabelle 13 gekürzt) von **3.700 Euro** sowie alleinstehende Verdiener ab **5.800 brutto** sind die "Gewinner", alleinstehende Normalverdiener bis zu **5.700 Euro** die "Verlierer" der Formelbetrags-

Berechnung, wenn man als „Messlatte" das Niveau der alten "Garantie-versorgungsrente" von 0,4 Prozent pro Pflichtversicherungsjahr (bezogen auf das gesamtversorgungsfähige Entgelt) wählt.

Regelung 2017:

Verheiratete Verdiener ab einem gesamtversorgungsfähigen Entgelt von **3.300 Euro** und alleinstehende Verdiener ab **5.400 Euro brutto** sind die "Gewinner", alleinstehende Normalverdiener bis zu **5.300 Euro** die "Verlierer" der Formelbetrags-Berechnung, wenn man als „Messlatte" das Niveau der alten "Garantieversorgungsrente" von 0,4 Prozent pro Pflicht-versicherungsjahr wählt.

Prozentuale Aufteilung zwischen rentenfernen Alleinstehenden und rentenfernen Verheirateten

Man kann davon ausgehen, dass zum Umstellungszeitpunkt der Zu-satzversorgung am 31.12.2001 etwa ein Viertel der Pflichtversicherten in der Zusatzversorgung alleinstehend und rund drei Viertel der Pflichtver-sicherten verheiratet waren.

Nach der **AVID Studie 2005**[100] treten für die Geburtsjahrgänge 1942 bis 1961 bei der Differenzierung nach dem Familienstand (zum AVID - Be-fragungszeitpunkt 2002) geschlechtsspezifische Unterschiede zutage. In beiden Teilen Deutschlands liegt der Anteil der Verwitweten bei Frauen höher (alte Länder 4,5 Prozent und neue Länder 5 Prozent) als bei Män-nern (alte Länder 1,2 Prozent und neue Länder 1,3 Prozent). Bei ledigen Personen sind dagegen die Quoten der Männer höher als bei Frauen. Auch wenn in den alten Ländern der Anteil der Ledigen mit 11,9 Prozent höher ist als in den neuen Ländern mit 9,3 Prozent, fällt der Unterschied zwischen Männern und Frauen mit 4,8 Prozentpunkten (alte Länder) bzw. 4,9 Prozentpunkten (neue Länder) ähnlich aus. Am höchsten liegen je-weils die Anteile der Verheirateten: In Deutschland insgesamt sind es 73,4

---

[100] Altersvorsorge in Deutschland (2005) - AVID Studie
https://ga.ruv.de/de/download/service/pdf/avid_studie.pdf

Prozent, in den neuen Ländern liegt der Wert mit 74,2 Prozent etwas höher als in den alten Ländern mit 73,2 Prozent.

Man kann die folgende "Mischungsrechnung (verheiratet - alleinstehend)" für die bereits erwähnte Aufteilung von 75 zu 25 Prozent bei Verheirateten / Alleinstehenden erstellen und zieht dazu die gemischte Zusatzrente aus Startgutschrift (SG) und Punkterente (PR) des Beispielfalls nach Tabelle 12 heran.

Bruttorechnung:

Gemischte Zusatzrente (alleinstehend): 204 € (SG) plus 187 € (PR) = 391 €

Gemischte Zusatzrente (verheiratet): 306 € (SG) plus 187 € (PR) = 493 €

493 Euro x 0,75 + 391 Euro x 0,25   =   467,50 Euro, also rund 467 Euro.

Im Jahr 2017 ergeben sich Abzüge bei einem Krankenversicherungsanteil von 14,6 Prozent und einem Pflegeversicherungsanteil von 2,55 bzw. 2,8 Prozent, also von insgesamt 18,25 bzw. 18,5 Prozent der Brutto-Zusatzrente. Der Zahlbetrag der gemischten Zusatzrente in 2017 würde im Beispielfall rund 382 bzw. 381 Euro betragen.

Auch nach dieser Mischungsrechnung (verheiratet, alleinstehend) erscheint der für 2017 errechnete Zahlbetrag des Beispielfalls von rund 382 Euro plausibel. Zum Vergleich: Laut dem Sechsten Versorgungsbericht[101] der Bundesregierung von 2016 betrug der durchschnittliche Zahlbetrag eines Neurentners in 2014 rund 380 Euro.

Einflussfaktoren der Startgutschrift in Abhängigkeit vom Endgehalt

Für die alte/neue Regelung aus 2001 / 2017 gelten nach einer Studie[102], die sich für Gehälter von 1.000 bis 6.000 Euro mit den Auswirkungen der Neuordnung nach der aktuellen Tarifentscheidung vom 08.06.2017 befasst, folgende Erkenntnisse:

---

[101] a.a.O.: (vgl. dort Tabelle V-15)

[102] http://www.startgutschriften-arge.de/6/Studie_FDB_ZOED_2017.pdf

- Während bei unteren bis mittleren Gehältern (gesamtversorgungsfähige Entgelte von 1.000 bis 4.000 Euro) bei der Startgutschrift zunächst vorwiegend für verschiedene Eintrittsalter die Mindeststartgutschrift und die Mindestrente dominieren, ist es für höhere Gehälter von 5.000 oder 6.000 Euro der Formelbetrag.

- Die Verluste, die alleinstehende Versicherte gegenüber Verheirateten bei einem gleichen monatlichen Einkommen erleiden, weil ihnen aufgrund des Familienstands am 31.12.2001 nur die fiktive Steuerklasse I/0 zugewiesen wurde, sind für die Startgutschriftregelung aus 2001 und auch aus 2017 ganz beträchtlich. Die Verlustquote hängt stark vom gesamtversorgungsfähigen Entgelt sowie vom Eintrittsalter ab und beträgt bis zu 50 Prozent (bei langdienenden Versicherten). Als Verlustquote wird der Verlust für Alleinstehende gegenüber Verheirateten in Prozent der Startgutschrift für Verheiratete verstanden.

- Für ein Eintrittsalter von 25 bis 35 Jahren schwankt die Verlustquote etwa bei einem gesamtversorgungsfähigen Entgelt von 3.000 Euro zwischen 39 bis 25 Prozent. Bei 4.000 Euro brutto liegt die Verlustquote zwischen 46 und 35 Prozent. Bei 5.000 Euro sind es konstant 43 Prozent und bei 6.000 Euro konstant 37 Prozent (alle Prozentsätze auf- bzw. abgerundet).

Welche Versicherten können nach der Tarifregelung vom 08.06.2017 einen Zuschlag auf ihre alte Startgutschrift erwarten?

- Der jährliche Versorgungssatz lag bei der ursprünglichen Berechnung der rentenfernen Startgutschrift fest bei 2,25 Prozent pro Pflichtversicherungsjahr, das bis Ende 2001 erreicht wurde. Mit der Einigung der Tarifparteien vom 08.06.2017 auf einen variablen jährlichen Versorgungssatz zwischen 2,25 Prozent und maximal 2,5 Prozent pro Jahr erhalten einige Versicherte einen Zuschlag auf ihre alte Startgutschrift. Für Personen, die sehr früh in die Zusatzversorgungskasse eingetreten sind und bei Eintritt jünger als 20,56[103] Jahre waren, gibt es keinen Zuschlag zur alten Startgutschrift

---

[103] 20,56 = 65 - 44,44444 ; 100 % / 2,25 % = 44,44444

(d.h. die zum 31.12.2001 erdiente Rentenanwartschaft erfolgt für diese Gruppe mit dem festen früheren Versorgungssatz von 2,25 Prozent pro Jahr).

- Nur für vom Formelbetrag dominierte Startgutschriften beträgt der neue Zuschlag maximal 11,11 Prozent[104] auf die alte Startgutschrift aus 2001. Die Versicherten, deren Startgutschrift jedoch von der Mindestrente oder von der Mindeststartgutschrift dominiert wurde, erhalten keinen Zuschlag nach der Regelung vom 08.06.2017.

4.4. DER STREIT UM DIE NEUORDNUNG DER ZUSATZVERSORGUNG

Bei den bis heute heftig umstrittenen Startgutschriften handelt es sich um die zum Stichtag 31.12.2001 berechneten Rentenanwartschaften für die zum damaligen Zeitpunkt pflichtversicherten Rentenanwärter. Wer erst ab 2002 in den öffentlichen Dienst eingetreten ist, hat daher nie eine Startgutschrift erhalten.

Die Startgutschrift soll den Start in das ab 2002 neu eingeführte Punktesystem ermöglichen. Im November 2001 haben die Tarifparteien den grundlegenden Wechsel vom bis Ende 2001 geltenden Gesamtversorgungssystem auf das ab 2002 geltende Punktemodell beschlossen. Diesen Systemwechsel und die damit verbundene grundlegende Reform der Zusatzversorgung des öffentlichen Diensts haben der Bundesgerichtshof (BGH) und das Bundesverfassungsgericht (BVerfG) zwar als Grundsatzentscheidung der Tarifparteien im Rahmen der verfassungsrechtlich garantierten Tarifautonomie gebilligt. Umstritten sind aber nach wie vor Übergangsregelungen für die Jahrgänge ab 1947, die am 31.12. 2001 das 55. Lebensjahr noch nicht vollendet hatten (sogenannte renten**ferne** Pflichtversicherte).

---

[104] 11,11 % = [(2,5 % - 2,25 %) / 2,25 %] x 100

Verbindliche Startgutschriften für Rentennahe

Die Startgutschrift-Berechnungen für sogenannte renten**nahe** Pflicht-versicherte bis Jahrgang 1946, die zum 31.12.2001 noch nicht in Rente waren, sind laut Urteil des Bundesgerichtshofs (BGH) vom 24.09.2008[105] verbindlich.

Die ehemals Rentennahen, die am 01.01.2002 das 55. Lebensjahr bereits vollendet hatten und mittlerweile ebenfalls längst in Rente sind, haben eine Startgutschrift erhalten, die sich noch sehr stark an das bis Ende 2001 geltende Gesamtversorgungssystem anlehnte. Bei ihnen wurde die sogenannte **rentennahe Startgutschrift** im Prinzip wie folgt berechnet: Man rechnete die später zu erwartende Zusatzrente schon zum 31.12.2001 fiktiv bis zum 63. Lebensjahr hoch und zog von dieser Zusatzrente die ebenfalls fiktiv errechnete Punkterente für die Zeit vom 01.01.2002 bis zum 63. Lebensjahr ab.

Um diesen ehemals Rentennahen noch einen Besitzstandsschutz zu gewähren, berücksichtigte man bei der Berechnung des Ausgangs-werts für die rentennahen Startgutschriften auch die frühere Mindestver-sorgungsrente in Höhe von 0,4 Prozent des Entgelts pro Pflichtversiche-rungsjahr sowie die Mindestgesamtversorgung.

Strittige Startgutschriften für Rentenferne

Bei den Startgutschriften für die ehemals rentenfernen Jahrgänge ab 1947 haben sich die Tarifparteien jedoch für einen ganz anderen Berech-nungsweg entschieden.

Die sogenannten **rentenfernen** Startgutschriften werden nach Pa-ragraf 18 des Betriebsrentengesetzes (BetrAVG) berechnet. Diese Sonder-vorschrift mit Übergangsregelungen für aus dem öffentlichen Dienst aus-geschiedene Beschäftigte war mit Wirkung ab 01.01.2001 gerade geändert worden, nachdem das Bundesverfassungsgericht[106] am 15.07.1998 den

---

[105] Az . IV ZR 134 / 07

[106] Az. 1 BvR 1554/89

Vorgänger-Paragrafen für verfassungswidrig erklärt und den Gesetzgeber zu einer Neuregelung bis Ende 2000 aufgefordert hatte.

Nur um diese ebenfalls hoch komplizierte Berechnungsformel[107] dreht sich der seit über 15 Jahren andauernde Streit. Mehrere Tausend rentenferne Betroffene hatten vor den ordentlichen Gerichten (Landgerichten und Oberlandesgerichten) gegen die Ende 2002 erhaltene erste Startgutschriftberechnung geklagt. Mehrere hundert Versicherte gingen danach in die Revision zum Bundesgerichtshof (BGH).

Der BGH hat am 14.11.2007[108] die Startgutschriften für Rentenferne (Pflichtversicherte ab Jahrgang 1947) wegen eines Verstoßes gegen den Gleichheitssatz des Grundgesetzes für unwirksam und damit für unverbindlich erklärt, da sie Pflichtversicherte mit längeren Ausbildungszeiten benachteiligten. Dies hatte der Bundesgerichtshof vor allem für Akademiker und andere Versicherte angenommen, die aufgrund besonderer Anforderungen eines Arbeitsplatzes im öffentlichen Dienst, etwa einer abgeschlossenen Berufsausbildung oder eines Meisterbriefes in einem handwerklichen Beruf, erst später in den öffentlichen Dienst eintreten und dann vom Erreichen des höchstmöglichen Anteilssatzes ohne ausreichenden sachlichen Grund von vornherein ausgeschlossen werden. Die Tarifparteien wurden daher vom BGH aufgefordert, eine verfassungsgemäße Neuregelung der Startgutschriften für Rentenferne zu beschließen, da Pflichtversicherte mit längerer Ausbildung durch die bisherige Berechnungsformel benachteiligt würden.

Das Bundesverfassungsgericht hatte entsprechende Verfassungsbeschwerden dazu letztlich nicht angenommen, sondern ebenfalls auf die noch zu treffende Änderung durch die Tarifparteien verwiesen.[109] Der Europäische Gerichtshof für Menschenrechte in Straßburg hat diesbezügliche Beschwerden nach Artikel 24 Absatz 2 der Menschenrechtskonvention für unzulässig erklärt.

---

[107] a.a.O.: § 18 Abs. 2 BetrAVG

[108] Az. IV ZR 74 / 06

[109] siehe die Beschlüsse vom 29.03.2010, Az. 1 BvR 1433/08 und vom 10.05.2010, Az. 1 BvR 1373/08

Am 30.05.2011 haben die Tarifparteien dann eine Neuregelung der rentenfernen Startgutschriften beschlossen, die den meisten Späteinsteigern mit Eintritt in den öffentlichen Dienst nach dem 25. Lebensjahr einen Zuschlag auf die bisherige Startgutschrift bescheren soll, sofern sie zu den Jahrgängen 1947 bis 1960 gehören. Die vor dem vollendeten 25. Lebensjahr in den öffentlichen Dienst eingetretenen ehemals Rentenfernen der Jahrgänge 1947 bis 1960 sowie die jüngeren Jahrgänge ab 1961 werden durch die wiederum hoch komplizierte Überprüfungsberechnung aber von einem Zuschlag auf ihre bisherige Startgutschrift kategorisch ausgeschlossen.

Gegenstand der Einigung 2011 waren außer der Neuregelung[110] der rentenfernen Startgutschriften auch die Hinterbliebenenversorgung bei eingetragenen Lebenspartnerschaften sowie die Anrechnung von Mutterschutzzeiten. Die Neuregelung der Startgutschriften war rückwirkend ab dem 01.01.2011 in Kraft getreten.

Die Tarifparteien hatten sich 2011 gegen eine Veränderung des jährlichen Anteilssatzes von 2,25 Prozent[111] und stattdessen für die Einführung eines modifizierten Unverfallbarkeitsfaktors mit pauschalem Abzug von 7,5 Prozentpunkten entschieden.[112] Tatsächlich kam diese relativ komplizierte Berechnungsmethode - die für den rentenfernen Versicherten *__individuelle__* Elemente nach Paragraf 2 des Betriebsrentengesetzes mit **_pauschalen_** Elementen des Paragrafen 18 BetrAVG verquickt - nur dann zum Tragen, wenn der Versorgungssatz[113] (= Verhältnis von erreich**ten** zu erreich**baren** Pflichtversicherungsjahren) um mehr als 7,5 Prozentpunkte über dem bisherigen Versorgungssatz[114] (= Zahl der erreich**ten** Pflichtversicherungsjahre x 2,25 Prozent pro Jahr) lag.

Falls die Abweichung zwischen den Versorgungssätzen nach den Paragrafen 2 und 18 des Betriebsrentengesetzes mehr als 7,5 Prozentpunkte

---

[110] a.a.O.: § 33 Abs. 1a ATV

[111] a.a.O.: § 18 Abs. 2 Nr. 1 BetrAVG

[112] a.a.O.: § 2 Abs. 1 BetrAVG

[113] a.a.O.: § 18 Abs. 2 Nr. 1 BetrAVG

[114] a.a.O.: § 18 Abs. 2 Nr. 1 BetrAVG

ausmachte, wurde anschließend noch geprüft, ob evtl. eine Kürzung des Nettoversorgungssatzes und damit der Voll-Leistung erfolgen musste. Dies war immer dann der Fall, wenn nur höchstens 32 Pflichtversicherungsjahre bis zum vollendeten 65. Lebensjahr erreicht werden konnten. Zusatzberechnungen zur gesamtversorgungsfähigen Zeit, die aus der Summe von erreich<u>baren</u> Pflichtversicherungsjahren und den zur Hälfte angerechneten Nicht-Pflichtversicherungsjahren zwischen dem 17. und 65. Lebensjahr (sog. Halbanrechnung) ermittelt wird, wurden dabei in Kauf genommen.

Wie nicht anders zu erwarten war, haben wiederum Tausende gegen die Ende 2012 von ihrer Zusatzversorgungskasse erhaltene Überprüfungsberechnung Widerspruch eingelegt oder zahlreich vor den ordentlichen Zivilgerichten bis zum Bundesgerichtshof (BGH) geklagt.

In seinem Piloturteil[115] vom 09.03.2016 bemängelt der BGH, dass trotz der Neuregelung der Tarifparteien vom 30.05.2011 zu den rentenfernen Startgutschriften immer noch ein großer Teil der rentenfernen Versicherten keine höheren Startgutschriften erreichen kann und somit ein erneuter Verfassungsverstoß gegen Artikel 3 Absatz 1 des Grundgesetzes vorliegt. Nach dem BGH - Urteil vom 09.03.2016 ist die Neuregelung aus 2011 somit rechtlich unverbindlich, da die Tarifeinigung von 2011 die Benachteiligung insbesondere von jüngeren Jahrgängen ab 1961 und von älteren Jahrgängen 1947 bis 1960 nicht beseitigt, die nach einer längeren Ausbildungszeit bereits mit dem 25. Lebensjahr oder bis zu dreieinhalb Jahre früher in den öffentlichen Dienst eingetreten sind.

Bei der Vielzahl anhängiger rentenferner Klagen weist der BGH noch zu entscheidende weitere rentenferne Klagefälle jetzt im Allgemeinen ab,[116] wenn vergleichbare Argumentationsketten der Kläger vorliegen und verweist auf sein Piloturteil[117] vom 09.03.2016.

---

[115] Az. IV ZR 9/15

[116] (z.B. Az. IV ZR 229/15 und Az. IV ZR 409/15 vom 25.01.2017 bzw. Az. IV ZR 221/15 und andere vom 28.06.2017)

[117] Az. IV ZR 9/15

Aufgrund des aktuellen BGH-Urteils vom 09.03.2016 musste mit der aktuellen Neuregelung der Tarifparteien vom 08.06.2017 die verfassungswidrige Regelung von 2011 aufgegeben werden, die eine fragwürdige Vermischung von individuellen und pauschalen Elementen nach den Paragrafen 18 und 2 des Betriebsrentengesetzes sowie einen willkürlichen Abzug von 7,5 Prozentpunkten vorsah.

Was ist neu?

Bisher erhielt jeder rentenferne Versicherte pro Jahr der Pflichtversicherung in der Zusatzversorgung einen festen Anteil von 2,25 Prozent der für ihn ermittelten höchstmöglichen Voll-Leistung. Nach der Neuregelung im Juni 2017 soll dieser Versorgungssatz in Abhängigkeit vom Beginn der Pflichtversicherung verändert werden. Zur Berechnung des neuen Versorgungssatzes wird zunächst die Zeit vom erstmaligen Beginn der Pflichtversicherung bis zum Ende des Monats ermittelt, in dem das 65. Lebensjahr vollendet wird. Anschließend werden 100 Prozent durch diese Zeit in Jahren geteilt (100 Prozent / Zeit in Jahren). So erhält man den neuen Anteilssatz als Prozentsatz, der zur Ermittlung der anteiligen Voll-Leistung maßgebend ist. War ein Versicherter beispielsweise 23 Jahre alt, als er erstmals im öffentlichen Dienst beschäftigt wurde, erhält er für jedes Versicherungsjahr 2,38 Prozent (= 100% / 42) seiner Voll-Leistung, denn er konnte 42 (= 65 - 23) Pflichtversicherungsjahre bis zum 65. Lebensjahr erreichen. Der Versorgungssatz beträgt mindestens 2,25 und höchstens 2,5 Prozent pro Pflichtversicherungsjahr.

Die Erhöhung auf einen pauschalen Anteilssatz von bis zu maximal 2,5 Prozent pro Jahr ist plausibel, da er bei 40 Pflichtversicherungsjahren und einem Eintrittsalter von 25 Jahren zu 100 Prozent Pflichtversicherungszeit führt. Auch der höchstmögliche Nettoversorgungssatz von 91,75 Prozent zur Berechnung der Nettogesamtversorgung knüpft an 40

Pflichtversicherungsjahre bzw. an 40 gesamtversorgungsfähige Jahre an[118].

Für den Maßstab 40 Jahre spricht auch die Tatsache, dass laut Rentenversicherungsbericht 2016[119] der Bundesregierung männliche Rentner in den alten Bundesländern zum 31.12.2015 im Durchschnitt auf 40,55 Beitragsjahre kamen. Das Eintrittsalter von 25 Jahren ist für Akademiker der älteren rentenfernen Jahrgänge 1947 bis 1960 geradezu typisch. Ihr Hochschulstudium von vier bis sechs Jahren haben sie je nach Jahrgang in den Jahren 1972 bis 1985, also mit 25 Jahren, abgeschlossen und sind dann als Angestellte in den öffentlichen Dienst gegangen. Daher konnten bzw. können sie trotz einer längeren Ausbildungzeit 40 Pflichtversicherungsjahre bis zum vollendeten 65. Lebensjahr erreichen.

Wer profitiert von der Neuregelung und wer nicht?

Von der Neuregelung vom 08.06.2017 werden diejenigen rentenfernen Versicherten profitieren, deren alte Startgutschrift durch den *Formelbetrag*[120] bestimmt wurde. Versicherte wie damals[121] oder aktuell[122], deren Startgutschrift nicht durch den *Formelbetrag*, sondern durch die *Mindestrente*[123] oder die *Mindeststartgutschrift*[124] bestimmt wurde, werden auch durch die Neuregelung in 2017 leer ausgehen. Grund: Die rentenferne Startgutschrift ist nicht nur durch den Formelbetrag bestimmt, sondern durch das Maximum aus **drei** Größen: Formelbetrag, Mindestrente und Mindeststartgutschrift (wenn bis zum Umstellungszeitpunkt mindestens 20 Pflichtversicherungsjahre bereits erreicht wurden).

---

[118] Christian Wagner/Friedmar Fischer: „Die neue Zusatzversorgung im öffentlichen Dienst – eine kritische Zwischenbilanz für rentenferne Versicherte", Neue Zeitschrift für Sozialrecht (NZS), 17/2015, 641-650

http://www.startgutschriften-arge.de/11/Wagner_Fischer_NZS_2015_641.pdf

[119] a.a.O., dort Seite 20

[120] a.a.O.: § 18 Abs. 2 Nr. 1 und 2 BetrAVG

[121] BGH Az. IV ZR 74/06 am 14.11.2007

[122] BGH BGH IV ZR 9/15 am 09.03.2016

[123] a.a.O.: § 18 Abs. 2 Nr. 4 BetrAVG

[124] a.a.O.: § 9 Abs. 3 ATV

Ist die Neuregelung vom 08. Juni 2017 der optimale und finale Wurf?

Keineswegs, denn es wurde nur eine minimale - aber durch das BGH - Urteil vom 09.03.2016 erzwungene - Korrektur eines Fehlersymptoms (Veränderung des jährlichen Anteilssatzes, siehe oben) vorgenommen. Die systematischen Ursachen der Fehler der Neuordnung der Zusatzversorgung für rentenferne Versicherte aufgrund der Regeln des neuen Paragrafen 18 des Betriebsrentengesetzes (BetrAVG) sind **weiterhin unbearbeitet** geblieben.

Was könnte man in Tarifverhandlungen nach wie vor bedenken?

- Mindestdynamisierung der Startgutschrift ermöglichen
- Härtefallregeln bzw. - bestimmungen einführen
- Nachheiratklauseln wie im früheren Gesamtversorgungssystem wieder einführen (in diesem Falle wäre bei Nachweis der Heirat im Rentenfall die Startgutschrift nach Steuerklasse 3 neu zu berechnen, auch wenn zum Umstellungszeitpunkt 31.12.2001 damals die Steuerklasse 1 gegolten hat)
- das frühere "Sicherheitsnetz" von 0,4 Prozent des gesamtversorgungsfähigen Entgelts pro Jahr Pflichtversicherungszeit wie **früher** als Mindestversorgungsrente bzw. wie **aktuell** bei den kirchlichen Zusatzversorgungskassen wieder einführen
- bzw. als alternatives neues unteres "fiktives Sicherheitsnetz" die Berechnung des kompletten ZVK - Versicherungslaufs nach dem Punktemodell wählen
- Möglichkeit des Ersatzes der gesetzlichen Näherungsrente durch die tatsächliche gesetzliche Rente in nachweisbaren Sonderfällen (z.B. bei Frauen, Frührentnern und Schwerbehinderten u.a.) zulassen

Kritikpunkt: Fehlende Dynamisierung der Startgutschriften

Im Unterschied zu der über die Altersfaktoren automatisch dynamisierten Punkterente steht die Startgutschrift ohne Berücksichtigung des Alters zunächst einmal fest. Die Startgutschriften zum 31.12. 2001 werden also nicht mit festen Anpassungssätzen dynamisiert, sondern sind im Prinzip statisch. Das heißt: Grundsätzlich ändert sich ihre Höhe bis zum

Rentenbeginn nicht, auch wenn der Pflichtversicherte z. B. erst im Jahr 2020 oder noch später in Rente geht.

Somit beziehen sich die Startgutschriften nur auf das im Jahr 2001 zugrunde gelegte Einkommen. Lediglich **Bonuspunkte** von mageren 0,25 Prozent der jeweils erreichten Versorgungspunkte wurden in einigen Jahren vergeben. Abgesehen davon, dass die Vergabe von bestimmten Bonuspunkten nicht sicher ist und darauf seit 2014 komplett verzichtet wird, sind Bonuspunkte nur ein Tropfen auf den heißen Stein.

Die praktisch fehlende Dynamisierung lässt die Startgutschriften in Prozent des vor Rentenbeginn erzielten künftigen Endgehalts sinken. Schließlich wird das Endgehalt infolge der jährlichen Gehaltssteigerungen mehr oder minder deutlich über dem Gehalt im Jahr 2001 liegen. Dabei gilt die Regel: Je jünger der Pflichtversicherte und je später der Rentenbeginn, desto größer ist der Verlust durch die fehlende Dynamisierung. Bei Rentennahen (bis Jahrgang 1946 mit Rentenbeginn bis spätestens 2011) ist der Verlust relativ gering, bei jüngeren Rentenfernen (ab Jahrgang 1961) relativ groß.

Idee der "fiktiven Punkterente" ab Versicherungsbeginn

Die *„fiktive"* **Punkterente** ist nichts anderes als eine Rentenanwartschaft zum 31.12.2001 nach Maßgabe der Berechnungsgrundlagen für die neue Punkterente. Dabei wird so getan, als ob die erst <u>ab</u> 2002 eingeführte Punkterente mit dem niedrigeren Leistungsniveau schon immer auch für Zeiten <u>vor</u> 2002 bestanden hätte. Diese „fiktive" Punkterente ist also quasi eine Mindestrente, die auf keinen Fall unterschritten werden sollte.

Der Vergleich von Startgutschriften mit dieser *„fiktiven"* Punkterente ist nichts Neues. Bereits im Juli 2007 hieß es bei Finanztest in der Tabellenüberschrift „Wenige Gewinner, viele Verlierer"[125]. In jener Finanztest - Tabelle wurden die Startgutschriften von Beschäftigten im öffentlichen Dienst (Durchschnittsverdienst und 45 bzw. 40 Beitragsjahre) mit der bis 31.12.2001 erworbenen monatlichen Rentenanwartschaft verglichen,

---

[125] https://www.test.de/Oeffentlicher-Dienst-Hoffen-auf-das-Rentenurteil-1493713-0/

„wenn die Rente von Anfang an nach dem neuen System berechnet worden wäre". In sieben von acht Modellfällen lag die Startgutschrift unter dieser „*fiktiven*" Punkterente.

Auch Jahre später steht nach einer Analyse[126] der Startgutschriften (vor der Neuregelung vom 08.06.2017) eindeutig fest: Tatsächlich unterschreitet die von den Zusatzversorgungskassen berechnete Startgutschrift in 38 von 42 Modellfällen die „*fiktive*" Punkterente. Im Extremfall macht die Startgutschrift nicht einmal die Hälfte dieser Punkterente aus.

Eigentlich müsste aber gelten: Die Startgutschrift als Rentenanwartschaft zum 31.12.2001 muss mindestens so hoch sein wie die „*fiktive*" Punkterente. Liegt sie im konkreten Fall niedriger, muss sie entsprechend bis zu dieser Mindestrente erhöht werden.

Dies wäre zwar mit höheren Kosten für die Zusatzversorgungskassen verbunden. Offensichtliche Ungerechtigkeiten können aber nicht mit dem Hinweis auf die finanzielle Lage der Zusatzversorgungskassen rechtfertigt werden. Das hat schon das Landgericht Berlin in seinem Urteil (7 O 208/13)[127] vom 27.03.2014 sehr deutlich klargelegt.

Kritikpunkt: Nichtbehandlung bei besonderen Härtefällen

Auch wenn die höchsten Gerichte wie Bundesgerichtshof oder Bundesverfassungsgericht die grundsätzlichen Übergangsregelungen für ehemals rentennahe Pflichtversicherte (bis Jahrgang 1946) bzw. auch für rentenferne Jahrgänge ab 1947 für verbindlich und verfassungsgemäß halten (sollten), kann in besonderen Härtefällen unter Berufung auf den **Grundsatz von Treu und Glauben**[128] davon abgewichen werden.

---

[126] http://www.startgutschriften-arge.de/6/Startgutschriften_quo_vadis.pdf (30.05.2016)

[127] http://www.gerichtsentscheidungen.berlin-brandenburg.de/jportal/portal/t/1ceu/bs/10/page/sammlung.psml?pid=Dokumentanzeige&showdoccase=1&js_peid=Trefferliste&documentnumber=1&numbero fresults=1&fromdoctodoc=yes&doc.id=KORE209792014&doc.part=L&doc.price=0 .0&

[128] § 242 BGB

Dann handelt es sich um eine tatrichterliche Entscheidung des Richters am Oberlandesgericht (OLG), gegen die eine Revision der unterlegenen Partei (z. B. VBL oder eine andere Zusatzversorgungskasse) nur unter gewissen Voraussetzungen beim BGH zugelassen wird.

Beispielsweise hat das OLG Karlsruhe in der Vergangenheit bei am 31.12.2001 alleinstehenden und ehemals rentennahen Jahrgängen (bis 1946) entschieden, dass ein besonderer Härtefall unter folgenden Voraussetzungen vorliegt:

* mindestens 30 Prozent Verlust bei der Zusatzrente eines Alleinstehenden im Vergleich zur Zusatzrente eines am 31.12.2001 verheirateten ehemals rentennahen Pflichtversicherten und
* besondere Erwerbs- oder Familienstandsbiografie (z. B. höchstens drei Jahre unverheiratet sein im gesamten Berufsleben unter Einschluss des Stichtages 31.12.2001).

Wer beide Voraussetzungen zugleich erfüllt, sollte nach Erhalt seiner Zusatzrente die Erfolgsaussichten für eine Klage vor dem zuständigen Zivilgericht von einem auf Zusatzversorgungsrecht spezialisierten Anwalt prüfen lassen. Urteile des OLG Karlsruhe in besonderen Härtefällen von ehemals renten**fernen** Pflichtversicherten, die am 31.12.2001 geschieden oder verwitwet waren und dadurch einen Verlust von mehr als 30 Prozent bei ihrer Zusatzrente erleiden, liegen noch nicht vor, da es bisher noch keine verfassungsgemäße Satzung der Zusatzversorgungskassen für rentenferne Versicherte gibt.[129]

Die Gerichte dürfen zwar wegen erkannter Verfassungswidrigkeit Regelungen der Zusatzversorgung für unverbindlich erklären, jedoch wegen der Tarifautonomie nicht selbst Regelungen in Zusatzversorgungssatzungen erzwingen.

---

[129] siehe das Urteil des OLG Karlsruhe vom 18.12.2014 (Az. 12 U 104/14 dort RdNr. 72): "Da die Übergangsregelung für rentenferne Versicherte, die wegen berufsnotwendiger Ausbildung später in den öffentlichen Dienst eingestiegen sind, weiterhin nicht den Anforderungen des Artikel 3 Absatz 1 GG entspricht, muss eine Einzelfallprüfung derzeit unterbleiben."

Auch die aktuelle Neuregelung der Zusatzversorgung für rentenferne Versicherte vom 08.06.2017 wird sich einer erneuten richterlichen Überprüfung unterziehen müssen. Das haben Anwälte von betroffenen rentenfernen Versicherten bereits angedeutet. Der lange Weg zu mehr Zusatzrente im öffentlichen Dienst ist also noch nicht zu Ende.

5. FRÜHER IN BETRIEBS- ODER ZUSATZRENTE

Wie in der gesetzlichen Rentenversicherung gibt es auch in der betrieblichen Altersversorgung (bAV) und der Zusatzversorgung im öffentlichen Dienst (ZÖD) die Möglichkeit, früher in Rente zu gehen.

Für Altersrenten ist dies bei der Zusatzversorgung im öffentlichen Dienst ab 63 Jahren möglich und in aller Regel wie bei der gesetzlichen Rente mit Rentenabschlägen verbunden. Es sei denn, es handelt sich um besonders langjährig Versicherte mit 45 Pflichtversicherungsjahren. Diese können ab Jahrgang 1964 auch mit 65 Jahren abschlagsfrei in Zusatzrente gehen. Sofern sie in 1958 geboren sind, gibt es die abschlagsfreie Zusatzrente bereits mit 64 Jahren und für beispielsweise in 1954 Geborene mit 63 Jahren und 4 Monaten.

Betriebsrenten in der Privatwirtschaft können frühestens mit 62 und spätestens mit 72 Jahren bezogen werden. Rentenabschläge gibt es zwar offiziell nicht. Andererseits werden versicherungsmathematische Abschläge bei Frührenten über niedrigere Rentenfaktoren berechnet. Im Ergebnis kommt es also wie bei der gesetzlichen Rente und der Zusatzrente im öffentlichen Dienst zu Rentenabschlägen für vorgezogene Betriebsrenten.

Was oft vergessen wird: Es gibt auch die Möglichkeit, später in Rente zu gehen. Wer in der gesetzlichen Rentenversicherung erst ein Jahr nach Erreichen seiner Regelaltersgrenze in Rente geht, wird mit einem Rentenzuschlag von 6 Prozent pro Jahr belohnt. In der betrieblichen Altersversorgung liegen der Rentenfaktor und damit der Zuschlag für eine ein Jahr später bezogene Betriebsrente zwar auch höher, aber bei weniger als 3 Prozent.

5.1. Früher in Betriebsrente

Bei den Geburtsjahrgängen ab 1964 geht man in der betrieblichen Altersversorgung meist von einem Rentenbeginn mit 67 Jahren aus. Wer früher in Betriebsrente gehen will, muss sich mit niedrigeren Rentenfaktoren abfinden. Bei einer Betriebsrente mit 62 Jahren liegt der Rentenfaktor beispielsweise rund 11 Prozent unter dem Rentenfaktor bei der Betriebsrente mit 67 Jahren.

Unter einem **Rentenfaktor** versteht man in der privaten Rentenversicherung die monatliche Rente pro 10.000 Euro Kapital- bzw. Ablaufleistung am Ende der Ansparphase. Liegen der Rentenfaktor beispielsweise bei 30 Euro und das Endkapital bei 50.000 Euro, errechnet sich eine monatliche Rente von 150 Euro.

Nach 333 Monaten bzw. knapp 28 Jahren würde dann das Kapital über die gezahlten Renten wieder zurückfließen. Ein Rentenfaktor von 30 Euro bei 65-jährigen Neurentnern in 2017 bedeutet also, dass noch mit einer ferneren Lebenserwartung von knapp 28 Jahren für einen heute 65-Jährigen nach der Sterbetafel der privaten Rentenversicherer DAV 2004R gerechnet wird. Also könnte dieser Neurentner nach der Statistik noch 92 Jahre alt werden.

Liegt der Rentenfaktor bei 40 Euro, sind es nur knapp 21 Jahre. In diesem Fall könnte der heute 65-Jährige das 85. Lebensjahr noch erreichen. Beim Rentenfaktor in Höhe von 35 Euro sind es knapp 24 Jahre.

Bei Betriebsrenten über den Weg der Direktversicherung geht man genauso vor wie bei privaten Renten aus der privaten Rentenversicherung oder bei der privaten Rürup-Rentenversicherung.

In der Tabelle 14 sind die garantierten Ablaufleistungen, garantierten Betriebsrenten und Rentenfaktoren aus der Direktversicherung bei CosmosDirekt für einen in 1977 geborenen Arbeitnehmer aufgeführt, der jährlich 2.400 Euro bis zum gewünschten Rentenbeginn mit 62 bis 67 Jahren einzahlt.

Auf die Angabe der möglichen Ablaufleistungen und möglichen Betriebsrenten bei einem angenommenen Gesamtzins von 2,6 Prozent wird verzichtet. Die jeweiligen Rentenfaktoren für diese höheren Ablaufleistungen und Betriebsrenten würden sich dadurch nicht verändern. Schließlich geht es beim Rentenfaktor darum, die monatliche Rente pro 10.000 DM Endkapital in Abhängigkeit vom Geburtsjahrgang und dem gewünschten Rentenbeginn zu beziffern. Je früher bzw. später die Betriebsrente beginnt, desto niedriger bzw. höher fällt der Rentenfaktor aus.

Tabelle 14: Rentenfaktoren für Jahrgang 1977 für Rentenbeginn mit 62 bis 72

(jährlicher Beitrag 2.400 Euro über 22 bis 32 Jahre je nach Rentenbeginn)

Rentenbeginn mit	garantierte Ablaufleistung*	garantierte Betriebsrente**	Rentenfaktor***
62 Jahren	55.877 €	151,65 €	27,14 €
63 „	58.641 €	162,70 €	27,45 €
64 „	61.425 €	174,33 €	28,38 €
65 „	64.231 €	186,61 €	29,05 €
66 „	67.057 €	199,58 €	29,76 €
67 Jahren	69.905 €	213,29 €	30,51 €
68 „	72.775 €	227,81 €	31.30 €
69 „	75.666 €	243,19 €	32,14 €
70 „	78.580 €	259,52 €	33,03 €
71 „	81.515 €	276,87 €	33,97 €
72 „	84.473 €	295,33 €	34,96 €

In allen Fällen liegt die garantierte Ablaufleistung über der Beitragssumme. Die garantierte Ablaufrendite nach Kosten bei einem Garantiezins von 0,9 Prozent macht 0,5 Prozent aus. Die Höhe der garantierten Rentenrendite hängt von der tatsächlichen individuellen Lebensdauer ab und kann daher nicht berechnet werden.

Die mögliche Ablaufleistung bei Rentenbeginn mit 67 Jahren liegt bei 93.048 Euro und führt zu einer möglichen Ablaufrendite von 2,5 Prozent. Als mögliche Betriebsrente wird bei CosmosDirekt ein Betrag von 283,90 Euro angegeben, der volldynamisch ist und jährlich um 1,6 Prozent steigen soll. Die Beitragssumme von 64.800 Euro flösse nach 19 Jahren zurück, wenn es bei der möglichen Betriebsrente von 283,90 Euro bliebe und diese nicht weiter ansteigen würde. Bei einer jährlichen Steigerung dieser möglichen Betriebsrente um 1,6 Prozent dauert es nur gut 16 Jahre.

Für die Geburtsjahrgänge gilt eine ähnliche Beziehung wie für den gewünschten Rentenbeginn: Je jünger bzw. älter der Versicherte ist, desto niedriger bzw. höher fällt der Rentenfaktor aus. Damit wird die längere Lebenserwartung bei Jüngeren berücksichtigt.

Beim gegenüber 1977 älteren Geburtsjahrgang 1964 läge der Rentenfaktor für den Rentenbeginn 67 Jahre mit 32,51 Euro um 2 Euro höher und bei der Rente mit 65 Jahren bei 30,89 Euro statt 29,05 Euro.

Wer in 1950 geboren ist und in 2017 mit 67 Jahren in Rente geht, kommt auf einen Rentenfaktor von 35,13 Euro. Dann wären 10.000 Euro nach knapp 24 Jahren und nach vollendetem 63. Lebensjahr wieder eingespielt. In 1952 Geborene mit der 65-er Rente in 2017 kämen auf einen Rentenfaktor von 32,90 Euro.

Dass es so lange dauert, bis die Summe der Renten das angesammelte Kapital wieder erreicht, hängt mit der sehr hohen ferneren Lebenserwartung nach der Sterbetafel 2004 R der privaten Rentenversicherer zusammen. Diese dort zugrunde gelegte Lebenserwartung liegt deutlich höher im Vergleich zur ferneren Lebenserwartung nach der Sterbetafel des Statistischen Bundesamtes.

Die Betriebsrente aus der Direktversicherung ist wie jede private und auch gesetzliche Rente eine Wette auf ein langes Leben. Sie ist eine versicherungsförmige Altersvorsorge und keine Geldanlage. Je länger der Versicherte lebt und die fernere Lebenserwartung laut Statistik übertrifft, desto eher lohnt sie sich unter rein finanziellen Gesichtspunkten. Mindestens genau so wichtig ist allerdings die Tatsache, dass die garantierte „alte" Betriebsrente ebenso sicher ist wie eine garantierte private oder gesetzliche Rente.

5.2. FRÜHER IN ZUSATZRENTE

Bei Altersrenten, die vor Erreichen der Regelaltersgrenze gezahlt werden, gilt das Prinzip des zeitlich parallelen Bezugs von gesetzlicher Rente und Zusatzrente im öffentlichen und kirchlichen Dienst. Dies bedeutet, dass der Rentenbeginn bei der Zusatzrente immer mit dem Beginn der gesetzlichen Rente zusammenfällt.[130]

Wie in der gesetzlichen Rentenversicherung gibt es auch in der Zusatzversorgung verschiedene Arten von vorgezogenen Altersrenten:

- **Altersrente für langjährige Versicherte mit Abschlägen** (zum Beispiel mit 63 Jahren nach Erfüllung der 35-jährigen Wartezeit)
- **Abschlagsfreie Altersrente für besonders langjährig Versicherte** (zum Beispiel 63 Jahre und 4 Monate für Jahrgang 1954, 64 Jahre für Jahrgang 1958 oder 65 Jahren für alle Jahrgänge ab 1964 nach Erfüllung der 45-jährigen Wartezeit mit Pflichtbeiträgen)
- **Altersrente für schwerbehinderte Menschen** (abschlagsfrei oder mit Abschlägen je nach Rentenbeginn).

Die Abschläge wegen vorzeitiger Inanspruchnahme werden bei der Zusatzrente grundsätzlich wie in der gesetzlichen Rentenversicherung berechnet. Bei vorgezogenen Altersrenten werden somit auch in der Zusatzversorgung **Rentenabschläge** fällig.[131] Diese betragen 0,3 Prozent pro Monat bzw. 3,6 Prozent pro Jahr der vorzeitigen Inanspruchnahme. Im Unterschied zur gesetzlichen Rente wird der Rentenabschlag bei der Zusatzrente auf maximal 10,8 Prozent begrenzt, also auf höchstens drei Jahre.

Werden bei der Rente aus der gesetzlichen Rentenversicherung keine Abschläge berechnet, wird auch die Betriebsrente wegen Alters in der Zusatzversorgung abschlagsfrei geleistet. Dies trifft beispielsweise auf die abschlagsfreie Altersrente ab 63 Jahren für besonders langjährig Versicherte mit 45 Pflichtversicherungsjahren in der Zusatzversorgung zu.

---

[130] a.a.O.: § 5 Satz 4 ATV
[131] a.a.O.: § 7 Abs. 3 ATV

Die für alle Jahrgänge bis 1946 geltende Altersgrenze des vollendeten 65. Lebensjahres wird laut **Altersgrenzenanpassungsgesetz** vom 02.04.2007 durch eine Regelaltersgrenze ersetzt, die von 65 Jahren und 1 Monat für den Jahrgang 1947 bis auf 67 Jahre ab Jahrgang 1964 stufenweise steigt, und zwar vom Jahr 2012 an bis zum Jahr 2031. Bei den Jahrgängen 1947 bis 1958 steigt die Regelaltersgrenze jeweils um einen Monat pro Jahrgang und dann für die Jahrgänge 1959 bis 1964 um jeweils zwei Monate. Ab Jahrgang 1964 liegt die gesetzliche Altersgrenze dann bei 67 Jahren.

Ab dem 01.01.2012 und damit ab Jahrgang 1947 gibt es eine neue Rentenart – die Altersrente für **besonders langjährig Versicherte**. Trotz der stufenweisen Anhebung der gesetzlichen Altersgrenze von 65 auf 67 Jahre ist eine Altersrente bereits ab dem 65. Lebensjahr ohne Rentenabschlag möglich, falls mindestens 45 Pflichtbeitragsjahre vorliegen.

Ab 01.07.2014 wurde diese Möglichkeit einer abschlagsfreien Altersrente für besonders langjährig Versicherte der Jahrgänge 1951 bis 1963 sogar noch verbessert. Wer in 1951 oder 1952 geboren war und 45 Pflichtbeitragsjahre (einschließlich Zeiten der Kindererziehung und der Arbeitslosigkeit mit Arbeitslosengeld I sowie Zeiten mit freiwilligen Beiträgen bei Vorliegen von mindestens 15 Pflichtbeitragsjahren) nachweisen konnte, konnte schon mit 63 Jahren abschlagsfrei in Rente gehen.

Diese Altersgrenze wird für die Jahrgänge 1953 bis 1963 um jeweils zwei Monate verlängert, so dass beispielsweise besonders langjährig Versicherte des Geburtsjahrgangs 1958 mit 64 Jahren abschlagsfrei in Rente gehen können. Wer in 1961 geboren ist und auf 45 Pflichtbeitragsjahre kommt, kann dann mit 64 Jahren und 6 Monaten abschlagsfrei in Rente gehen.

Diese für die gesetzliche Rente geltenden Regelungen wurden 1:1 auf die Zusatzversorgung im öffentlichen und kirchlichen Dienst übertragen mit der Besonderheit, dass dort 45 Pflichtversicherungsjahre nachgewiesen werden müssen.

Für alle Jahrgänge ab 1964 ist eine abschlagsfreie Zusatzrente ab 65 statt ab 67 Jahren auf Antrag möglich, falls mindestens 45 Pflichtversicherungsjahre in der Zusatzversorgungskasse (zum Beispiel der VBL) bis zum vollendeten 65. Lebensjahr nachgewiesen werden. Dies setzt praktisch voraus, dass der Eintritt als Angestellter in den öffentlichen Dienst spätestens mit 20 Jahren erfolgte. Akademiker bleiben daher von dieser Sonderregelung für besonders langjährig Versicherte ausgeschlossen.

Auch nach stufenweiser Anhebung der Regelaltersgrenze von 65 auf 67 Jahre bleibt es grundsätzlich bei der Altersrente für **langjährig Versicherte**. Danach konnten die Jahrgänge bis 1948 noch bis zu zwei Jahre vor der Regelaltersgrenze von 65 Jahren unter Inkaufnahme eines Rentenabschlags von bis zu 7,2 Prozent (24 Monate x 0,3 Prozent) vorzeitig in Rente gehen, falls sie die Wartezeit von 35 Jahren erfüllt hatten.

Nach Erhöhung der Regelaltersgrenze auf 67 Jahre für alle Jahrgänge ab 1964 steigt der Rentenabschlag bei der gesetzlichen Rente bis auf 14,4 Prozent (48 Monate x 0,3 Prozent) bei einem vorzeitigen Rentenbeginn mit 63 Jahren. In der Zusatzrente bleibt es jedoch wie erwähnt bei einem Rentenabschlag von höchstens 10,8 Prozent, sofern der bisher geltende Paragraf[132] im Altersvorsorgetarifvertrag nicht geändert wird.

Die vorgezogene Altersrente für langjährig Pflichtversicherte in der Zusatzversorgung mit einem Rentenabschlag von 0,3 Prozent pro Monat bzw. 3,6 Prozent pro Jahr, aber maximal 10,8 Prozent, ist an zwei Voraussetzungen gebunden:

- Vollendung des 63. Lebensjahres
- Erfüllung der Wartezeit von 35 Jahren wie in der gesetzlichen Rentenversicherung (alle rentenrechtlichen Zeiten, also Pflichtbeitragszeiten, Zeiten mit freiwilligen Beiträgen, Berücksichtigungszeiten zum Beispiel wegen Kindererziehung und Anrechnungszeiten zum Beispiel wegen schulischer und beruflicher Ausbildung).

Bei der vorgezogenen **Altersrente für Schwerbehinderte** muss ebenfalls die Wartezeit von 35 Jahren erfüllt sein. Die abschlagsfreie Schwerbehindertenrente ist ähnlich wie die abschlagsfreie Rente für besonders langjährig Versicherte schon bis zu zwei Jahren früher möglich. Wenn sie

---

[132] a.a.O.: § 7 Abs. 3 ATV

früher beginnt, vermindern sich die Rentenabschläge um bis zu 7,2 Prozentpunkte. Es muss eine Schwerbehinderung[133] mit einem Grad der Behinderung von mindestens 50 Prozent oder Berufs- bzw. Erwerbsunfähigkeit nach dem bis 31.12.2000 geltenden Recht bei Beginn der Schwerbehindertenrente vorliegen.

Die vorgezogenen Altersrenten nach Altersteilzeit oder wegen Arbeitslosigkeit sowie für Frauen waren nur für Versicherte möglich, die vor dem 01.01.1952 geboren sind. Mittlerweile sind diese Frührenten, die bereits nach vollendetem 60. Lebensjahr möglich waren, ersatzlos ausgelaufen. Alle ab 1952 geborenen Pflichtversicherten in der Zusatzversorgung sind daher davon ausgeschlossen, weil auch diese zunächst nur für die gesetzliche Rentenversicherung geltende Regelung wirkungsgleich auf die Zusatzversorgung im öffentlichen und kirchlichen Dienst übertragen wurde.

Rentenzuschläge in Höhe von 0,5 Prozent pro Monat bei einem Rentenaufschub über die gesetzliche Regelaltersgrenze hinaus gibt es zwar in der gesetzlichen Rentenversicherung, aber nicht in der Zusatzversorgung des öffentlichen und kirchlichen Dienstes.[134]

Wer über die Regelaltersgrenze hinaus weiter arbeitet und entsprechend später die Zusatzrente bezieht, muss sich mit dem gleichbleibenden Altersfaktor von 0,8 begnügen. Eine Erhöhung dieses Altersfaktors für „Spätrentner" in der Zusatzversorgung ist zurzeit nicht geplant. Höhere Altersfaktoren für Spätrentner gibt es zurzeit, wenn überhaupt, nur in der freiwilligen Versicherung in Form der Entgeltumwandlung oder der betrieblichen Riester-Rente (zum Beispiel VBLextra oder PlusPunktRente).

---

[133] § 2 Abs. 2 SGB IX

[134] Rundschreiben D 5 -220 232-1/5 des BMI vom 31.08.2010, dort Seite 38
http://www.bmi.bund.de/RundschreibenDB/DE/2010/RdSchr_20100831.pdf

6. MEHR BETRIEBS- ODER ZUSATZRENTE BEI ERWERBSMINDERUNG UND TOD

Während die Zusatzrente für Angestellte im öffentlichen und kirchlichen Dienst immer eine kombinierte Alters-, Erwerbsminderungs- und Hinterbliebenenrente ist, beschränken sich die meisten Betriebsrenten für Arbeitnehmer in der Privatwirtschaft auf die reine Altersversorgung und blenden die zusätzliche Absicherung bei Invalidität und Tod aus.

6.1. BERUFSUNFÄHIGKEITS- ODER ERWERBSMINDERUNGSRENTEN

Um eine Berufsunfähigkeitsrente über die betriebliche Altersversorgung zu erhalten, ist eine zusätzliche Absicherung erforderlich.

Berufsunfähigkeitsrenten in der betrieblichen Altersversorgung

Wer bereits eine gute private Berufsunfähigkeitsversicherung hat, kann getrost auf eine zusätzliche Berufsunfähigkeitsversicherung über seine Betriebsrente verzichten. Für andere, bei denen eine private Berufsunfähigkeitsversicherung wegen schwerer Vorerkrankungen von allen Versicherern abgelehnt wird, ist der Einschluss einer solchen Zusatzleistung bei der Betriebsrente aber sehr sinnvoll.

Die **Berufsunfähigkeitsversicherung** als Zusatzversicherung zahlt die Beiträge zur Betriebsrente weiter, sofern der Arbeitnehmer seinen Beruf hauptsächlich aus Krankheitsgründen oder seltener wegen eines Unfalls nicht mehr ausüben kann. Einige Direktversicherer zahlen dann auch eine vereinbarte monatliche Berufsunfähigkeitsrente. Beides drückt aber den Anspruch auf eine reine Altersrente. Die Berufsunfähigkeitsrente ist im Übrigen mit der früheren gesetzlichen Rente wegen Berufsunfähigkeit und der heutigen halben Erwerbsminderungsrente vergleichbar.

Wer weder seinen Beruf noch eine andere Tätigkeit von mehr als drei Stunden täglich ausüben kann, kann zumindest noch eine private **Erwerbsunfähigkeitsversicherung** abschließen. Auch einige wenige Anbieter von Direktversicherungen bieten diesen Zusatzschutz an. Hierbei übernimmt der Versicherer die Beiträge zur Direktversicherung und zahlt in einigen Fällen auch eine vereinbarte monatliche Erwerbsunfähigkeitsrente. Die Erwerbsunfähigkeitsrente entspricht der vollen Erwerbsminderungsrente in der gesetzlichen Rentenversicherung.

Einige glauben, eine **private Unfallversicherung** könne den gleichen Zweck erfüllen wie eine Berufs- oder Erwerbsunfähigkeitsversicherung. Dem ist aber nicht so, da einer Berufs- oder Erwerbsunfähigkeit in 80 Prozent der Fälle auf eine schwere Erkrankung (mittlerweile am häufigsten psychischer Art) und nicht auf einen Unfall zurückzuführen ist.

Ob es sinnvoll ist, über eine Berufs- und Erwerbsunfähigkeitsversicherung noch eine private Unfallversicherung mit Anspruch auf Zahlung einer bestimmten Geldsumme abzuschließen, mag jeder selbst entscheiden. Handelt es sich um einen Unfall auf der Arbeitsstätte oder einen Wegeunfall auf dem Weg zur oder von der Arbeitsstätte, tritt ohnehin die gesetzliche Unfallversicherung ein. Die Berufsgenossenschaft zahlt bei Vorliegen der Voraussetzungen dann eine Unfallrente.

Erwerbsminderungsrenten in der Zusatzversorgung

Keine Altersgrenzen gibt es naturgemäß bei Renten wegen Erwerbsminderung. Eine **volle Erwerbsminderung** liegt vor, wenn der Versicherte weniger als 3 Stunden täglich tätig sein kann. Sofern er nur noch zwischen 3 und 6 Stunden pro Tag arbeiten kann, besteht eine **teilweise Erwerbsminderung**. Folgende Voraussetzungen müssen für den Bezug einer **Erwerbsminderungsrente** erfüllt sein:

- Nicht-Vollendung des 65. Lebensjahres
- Erfüllung der allgemeinen Wartezeit von 5 Jahren
- mindestens 3 Jahre Pflichtbeiträge in den letzten 5 Jahren vor Eintritt

der Erwerbs- oder Berufsunfähigkeit („3 in 5"-Regel).

Bei einer Inanspruchnahme der Erwerbsminderungsrente vor dem 63. Lebensjahr sind Rentenabschläge bis zu höchstens 10,8 Prozent hinzunehmen. Diese Grenze von 63 Jahren wird für die Jahrgänge 1947 bis 1964 stufenweise bis auf 65 Jahre erhöht.

Fast alle Erwerbsminderungsrenten werden bereits vor Vollendung des 60. Lebensjahres in Anspruch genommen. Der Rentenabschlag beträgt auch dann maximal 10,8 Prozent der Rente, die sich bei Hochrechnung auf das 60. Lebensjahr ergeben würde. Den Abschlag von höchstens 10,8 Prozent bei Erwerbsminderungsrenten vor dem 60. Lebensjahr hat das Bundesverfassungsgericht laut Urteil[135] vom 11.01.2011 als verfassungsgemäß angesehen. Die Verfassungsrichter haben dies unter anderem damit begründet, dass beim Eintritt der Erwerbminderung vor dem 60. Lebensjahr der nicht mit Pflichtbeiträgen belegte Zeitraum in der gesetzlichen Rentenversicherung als sog. Zurechnungszeit voll angerechnet wird.

Diese **Zurechnungszeit** wurde in der gesetzlichen Rentenversicherung für ab 01.07.2014 neu hinzugekommene Erwerbsminderungsrentner bis auf das vollendete 62. Lebensjahr verlängert. Nach Inkrafttreten des Erwerbsminderungsverbesserungsgesetzes ab 01.01.2018 wird die Zurechnungszeit stufenweise bis auf das 65. Lebensjahr in 2024 ausgedehnt.

In der Zusatzversorgung des öffentlichen und kirchlichen Dienstes gibt es zurzeit noch keine Verlängerung der Zurechnungszeit vom 60. auf das 62. Lebensjahr. Insofern wurde diese Rentenreform in der gesetzlichen Rentenversicherung bisher nicht wirkungsgleich auf die Zusatzversorgung übertragen.

Die Gesetzesänderung ab 01.07.2014 sieht die verbesserte Berechnung der Erwerbsminderungsrenten ausschließlich für die gesetzliche Rentenversicherung vor. Die Änderung hat somit keine Auswirkung auf die Zusatzrenten. Die Erwerbsminderungsrenten bei der VBL oder bei anderen Zusatzversorgungskassen werden nach den Vorschriften im Altersvorsorgetarifvertrag (ATV) und den entsprechenden Regelungen in den Satzun-

---

[135] Az. 1 BvR 3588/08 und 1 BvR 555/09

gen der Zusatzversorgungskassen berechnet. Eine Anhebung der Zurechnungszeit bis auf das 62. Lebensjahr wie in der gesetzlichen Rentenversicherung setzt voraus, dass sich die Tarifvertragsparteien des öffentlichen Dienstes hierauf verständigen. Eine entsprechende Änderung des Tarifvertrags ist derzeit nicht geplant. Möglicherweise gilt dies auch für die weitere Anhebung der Zurechnungszeit bis zum 65. Lebensjahr, wie sie im Erwerbsminderungsverbesserungsgesetz für die gesetzliche Rentenversicherung festgelegt wurde.

Bei Zusatzrenten, die wegen Erwerbsminderung vor Vollendung des 60. Lebensjahres in Anspruch genommen werden, wird ein fiktives zusatzversorgungsfähiges Entgelt für die Zurechnungszeit vom Eintritt der Erwerbsminderung bis zum vollendeten 60. Lebensjahr als soziale Komponente im Punktemodell berücksichtigt.[136] Dabei werden zusätzliche Versorgungspunkte auf der Basis des durchschnittlichen monatlichen zusatzversorgungspflichtigen Entgelts der letzten drei Kalenderjahre vor Eintritt des Versicherungsfalles berücksichtigt. Dies gilt allerdings nur, wenn bis zum Zeitpunkt des Eintritts des Versicherungsfalls eine Pflichtversicherung bestanden hat.

Da der Altersfaktor unabhängig vom tatsächlichen Alter während der Zeit der Erwerbsminderung vor Vollendung des 60. Lebensjahres mit 1,0 angesetzt wird, errechnet sich die Rentenanwartschaft pro vollem Kalenderjahr aus 0,4 Prozent des durchschnittlichen zusatzversorgungspflichtigen Entgelts.

Beispiel: volle Erwerbsminderung ab 55 Jahre und 3 Monate, durchschnittliches zusatzversorgungspflichtiges Entgelt 4.000 Euro in den letzten drei Kalenderjahren, Rentenanwartschaft 16 Euro pro vollem Kalenderjahr (= 4.000 x 0,004) bzw. 64 Euro für vier volle Kalenderjahre vom Eintritt der Erwerbsminderung bis zum vollendeten 60. Lebensjahr.

Besonders nachteilig ist diese Regelung für Erwerbsminderungsrentner, die in den letzten drei Kalenderjahren aus Krankheitsgründen weniger gearbeitet haben oder wegen einer längeren Erkrankung nur Kran-

---

[136] a.a.O.:§ 9 Abs. 2 ATV

kengeld bezogen haben. Das durchschnittliche zusatzversorgungspflichtige Entgelt pro Jahr wird dann nur relativ gering ausfallen.

6.2. Hinterbliebenenrenten

Es ist auch möglich, zusätzlich die Hinterbliebenen bei Betriebsrenten für den Fall des Todes finanziell abzusichern. In der Zusatzversorgung des öffentlichen Dienstes erfolgt dies automatisch, da es sich hierbei um eine Pflichtversicherung mit kombinierter Alters-, Erwerbsminderungs- und Hinterbliebenenrente handelt.

Hinterbliebenenabsicherung bei Betriebsrenten

Wer Hinterbliebene wie Ehepartner oder Kinder für den Fall seines Todes in der Betriebsrente finanziell absichern will, kann dies über folgende Arten tun:

- Hohe Rentengarantiezeiten
- Witwen- bzw. Witwerrente in Prozent der Altersrente
- Beitragsrückgewähr bei Ableben in der Ansparphase
- Kapitalrückgewähr bei Ableben in der Rentenphase.

Bei der Vereinbarung von höheren Rentengarantiezeiten und einer Witwen- bzw. Witwerrente für den überlebenden Ehegatten bzw. Lebenspartner kommt es zu einer Kürzung der Betriebsrente. Die Beitrags- und Kapitalrückgewähr für die Hinterbliebenen führt letztlich ebenfalls zu gekürzten Betriebsrenten.

Singles benötigen keine Hinterbliebenenabsicherung und können daher auf einen Hinterbliebenenschutz verzichten. Dafür steht ihnen die reine Altersrente ungeschmälert zur Verfügung.

Die Hälfte der von Finanztest getesteten 26 Anbieter von Direktversicherungen ließ eine Abwählbarkeit der automatisch vereinbarten Todesfallleistung gar nicht zu und hatte gar kein Angebot ohne Todesfallleistung. Zwei Versicherer (Hanse Merkur und Volkswohl Bund) boten hingegen zusätzlich zur abwählbaren Todesfallleistung eine Leistung im Pflegefall an.

Der Versicherer LV 1871 kombiniert die nicht abwählbare Todesfall-leistung auf Wunsch mit einer zusätzlichen Leistung im Pflegefall. Die garantierte Altersrente sinkt dann um rund 12 Prozent. Wird der Versicherte vor Rentenbeginn oder als Rentner pflegebedürftig, verdoppelt sich allerdings diese garantierte Rente.

Verheiratete Arbeitnehmer könnten sich auch für eine höchstmögliche **Rentengarantiezeit** über beispielsweise 20 bis 30 Jahre entscheiden, sofern die Tarife von Direktversicherungen dies vorsehen. Bei einigen Versicherern wie der Hannoverschen Leben endet die maximale Dauer der Garantie immer mit dem 90. Lebensjahr, bei anderen beispielsweise mit dem 85. Lebensjahr.

Da bei Direktversicherungen üblicherweise nur eine fünf- oder zehn-jährige Rentengarantiezeit vorgesehen ist, sinkt die Altersrente bei einer deutlichen Verlängerung der Rentengarantiezeit. Wer beispielsweise bei einer auf das Alter von 65 Jahren abgeschlossenen Direktversicherung eine 25-jährige Rentengarantiezeit vereinbart, muss gegenüber einer Direktversicherung ohne jegliche Rentengarantiezeit mit einer um 10 Prozent geringeren Altersrente rechnen.

Einige Versicherer wie Hannoversche Leben bieten auch die Vereinbarung einer **Witwen- und Witwerrente** für den überlebenden Ehepartner an ähnlich wie in der gesetzlichen Rentenversicherung. Wie viel Prozent der Altersrente als Witwen- bzw. Witwerrente (zum Beispiel 50 oder 60 Prozent) im Todesfall an den hinterbliebenen Ehepartner fließen soll, ist Vereinbarungssache. Je höher dieser Prozentsatz sein soll, desto stärker wird die Altersrente gekürzt.

Bei der **Beitragsrückgewähr** werden im Falle des Ablebens während der Ansparphase die Summe der gezahlten Beiträge abzüglich der bereits gezahlten garantierten Renten an Hinterbliebene im Todesfall ausgezahlt. Die meisten Direktversicherungen sehen dies automatisch vor und betrachten dies nicht als Zusatzleistung.

Ähnlich funktioniert die **Kapitalrückgewähr** im Falle des Ablebens während der Rentenphase wie bei der Europa Versicherung. Die Hinterbliebenen erhalten bei Tod nach Rentenbeginn eine lebenslange Rente aus dem bei Rentenbeginn vorhandenen Kapital abzüglich bereits gezahlter garantierter Renten. Selbstverständlich reduziert eine solche Kapitalrückgewähr die garantierte Altersrente ganz erheblich.

Garantien und vereinbarte Todesfallleistungen in der privaten Rentenversicherung, wozu ja im Prinzip auch die Direktversicherung gehört, kosten bekanntlich Geld. Verheiratete Arbeitnehmer können ihre Hinterbliebenen statt über spezielle Todesfallleistungen im Rahmen der betrieblichen Altersversorgung oft besser über eine kostengünstige **Risiko-Lebensversicherung** absichern. Diese zahlt ein vereinbartes Kapital nur dann an den versicherten Ehepartner als Hinterbliebenen aus, falls der Arbeitnehmer und gleichzeitige Versicherungsnehmer verstirbt.

Das ausgezahlte Kapital kann der hinterbliebene Ehepartner dann, falls gewünscht, verrenten lassen über eine Sofortrente oder für andere Zwecke verwenden. Wenn der Versicherungsnehmer am Ende der vereinbarten Versicherungslaufzeit noch lebt, sind die gezahlten Versicherungsprämien verloren. Daher handelt es sich um eine reine Risiko- bzw. Todesfallversicherung, die nichts mit einer zusätzlich eingebauten Geldanlage wie beispielsweise bei der **Kapital-Lebensversicherung** zu tun hat.

Die beiden Ehegatten können auch zwei Risiko-Lebensversicherungen abschließen, und zwar die eine auf den Ehegatten B im Falle des Todes von A und die andere auf den Ehegatten A im Falle des Todes von B. Man spricht hierbei von Risiko-Lebensversicherungen durch zwei „Über-Kreuz-Verträge".

Die andere Möglichkeit, nur eine Risiko-Lebensversicherung auf beide Ehegatten („verbundene Leben") abzuschließen, ist zwar kostengünstiger. Allerdings zahlt der Versicherer die vereinbarte Versicherungssumme nur nach dem ersten Todesfall an den überlebenden Ehegatten aus.

Eine Restschuldversicherung empfiehlt sich für Selbstnutzer eines Eigenheims mit Hypothekenschulden. Im Todesfall erlöschen die Restschulden für den überlebenden Ehegatten. Da die Hypothekenschulden von Jahr zu Jahr abnehmen, ist eine Restschuldversicherung deutlich kostengünstiger als die Risiko-Lebensversicherung mit einer gleichbleibenden Versicherungssumme.

Hinterbliebenenabsicherung bei Zusatzrenten

Im Todesfall des Pflichtversicherten, der die Wartezeit von 5 Jahren erfüllt hat, oder des Zusatzrentenberechtigten erhält der überlebende Ehegatte eine Zusatzrente in Form der **Witwen- oder Witwerrente**, wenn und solange ein Anspruch auf Witwen- oder Witwerrente in der gesetzlichen Rentenversicherung besteht.[137]

Um eine volle Witwen- oder Witwerrente in der gesetzlichen Rentenversicherung zu erhalten, muss das anzurechnende eigene Einkommen unter bestimmten Grenzen bleiben. Selbst erworbenes Einkommen, das einen monatlichen Freibetrag von rund derzeit 819,19 Euro übersteigt, wird zu 40 Prozent auf die Witwen- oder Witwerrente angerechnet.

Die große Witwen- bzw. Witwerrente in Höhe von 55 Prozent der vollen Rente des Verstorbenen wird berechnet, wenn der überlebende Ehepartner das 45. Lebensjahr vollendet hat oder erwerbsgemindert ist oder eigene Kinder erzieht. Bestand die Ehe schon am 1.1.2002 und war ein Ehepartner zu diesem Zeitpunkt älter als 40 Jahre, steigt der Satz für die große Witwen- bzw. Witwerrente auf 60 Prozent.

Bemessungsgrundlage der Zusatzrente für Hinterbliebene ist jeweils die Zusatzrente, die der Verstorbene bezogen hat oder hätte beanspruchen können, wenn er im Zeitpunkt seines Todes wegen voller Erwerbsminderung ausgeschieden wäre. Eine Hinterbliebenenrente erhält laut Urteil[138] des Bundesverfassungsgerichts vom 07.02.2009 auch ein eingetragener Lebenspartner, sofern sein verstorbener Lebenspartner in der VBL pflichtversichert war oder bereits eine VBL-Zusatzrente bezog.

Kinder haben bis zum vollendeten 18. Lebensjahr oder – im Ausnahmefall einer Schul-, Hochschul- oder Berufsausbildung – bis zum vollendeten 25. Lebensjahr Anspruch auf eine **Halbwaisenrente** in Höhe von 10

---

[137] a.a.O.: § 10 Abs. 1 ATV

[138] Az. 1 BvR 1164/07

Prozent der auf den Todestag des Versicherten berechnete Rente, wenn nur noch der überlebende Elternteil unterhaltspflichtig ist. **Vollwaisenrenten** in Höhe von 20 Prozent der vollen Rente werden gezahlt, wenn beide Elternteile verstorben sind. Eigenes Einkommen der Halb- oder Vollwaisen wird nicht auf die Waisenrente angerechnet.

7. ABGABEN UND STEUERN AUF BETRIEBS- UND ZUSATZRENTEN

Leider fließen weder die Betriebsrente in der Privatwirtschaft noch die Zusatzrente im öffentlichen Dienst brutto für netto zu. In aller Regel wird der volle Beitrag zur gesetzlichen Kranken- und Pflegeversicherung in Höhe von bis zu 18,5 Prozent von der Bruttorente abgezogen. Außerdem werden sowohl Betriebs- als auch Zusatzrente in der Regel voll besteuert. Doch es gibt einige wenige Möglichkeiten, um die Abgaben und Steuern zumindest zu begrenzen.

7.1. BEITRÄGE ZUR GESETZLICHEN KRANKEN- UND PFLEGEVERSICHERUNG

Eine Kranken- und Pflegeversicherung wird in der Rentenphase noch wichtiger als vorher, da die gesundheitlichen Beschwerden und Erkrankungen im Alter erfahrungsgemäß zunehmen. Andererseits werden Rentner bestrebt sein, die Sozialabgaben im Alter so niedrig wie möglich zu halten.

Gesetzlich krankenversicherte Rentner, die in der Krankenversicherung der Rentner (KVdR) pflichtversichert sind, unterschätzen häufig die Sozialabgaben im Alter. Sie gehen oft davon aus, dass sie nur den halben Beitrag zur gesetzlichen Krankenversicherung in Höhe von zurzeit 8,4 Prozent (einschließlich durchschnittlichem Zusatzbeitrag von 1,1 Prozent) ihrer Renten zu zahlen haben.

Dies ist aber nicht so. Schon bei der gesetzlichen Rente kommt der volle Beitrag zur gesetzlichen Pflegeversicherung hinzu, der bei Kinderlosen 2,8 Prozent und bei Rentnern mit Kindern 2,55 Prozent ausmacht. Somit werden insgesamt 11,2 bzw. 10,95 Prozent von der gesetzlichen Rente abgezogen. Nur der verbleibende Rentenzahlbetrag wird auf ihr Konto überwiesen.

Bei **Betriebs- und Zusatzrenten** ist grundsätzlich der volle Beitrag zur gesetzlichen Krankenversicherung in Höhe von 15,7 Prozent fällig, da es nicht wie bei der gesetzlichen Rente einen Zuschuss in Höhe von 7,3 Prozent von der Versorgungseinrichtung gibt. Unter Einschluss des vollen Beitrags zur gesetzlichen Pflegeversicherung in Höhe von derzeit 2,55 oder 2,8 Prozent errechnet sich dann eine Beitragsbelastung in Höhe von 18,25 oder 18,5 Prozent der jeweiligen Bruttorente. Dieser jetzt schon recht hohe Beitrag wird künftig weiter steigen. Nach einer Studie des Forschungsinstituts Prognos wird sich der Beitrag zur gesetzlichen Krankenversicherung bis auf 18,9 Prozent in 2040 erhöhen und der Beitrag zur gesetzlichen Pflegeversicherung auf 4 bis 4,25 Prozent, so dass der Kranken- und Pflegekassenbeitrag für den künftigen Betriebs- und Zusatzrentner in gut 20 Jahren insgesamt rund 23 Prozent ausmachen könnte.

Das sind schlechte Aussichten für Betriebs- und Zusatzrentner, die in der gesetzlichen Krankenversicherung pflichtversichert sind. Zurzeit gibt es nur drei Möglichkeiten, dieser hohen Beitragsbelastung zu entrinnen:

- Betriebs- und Zusatzrenten bis zu monatlich 148,75 Euro sind beitragsfrei. Es handelt sich dabei um eine Freigrenze in Höhe von 1/20 der jeweiligen monatlichen Bezugsgröße (zurzeit 2.975 Euro im Monat).[139] Wenn diese Grenze überschritten wird, ist die Betriebs- und Zusatzrente voll beitragspflichtig.
- Betriebliche Riester-Renten sind ab 2018 komplett beitragsfrei, sofern der Rentenbeginn nicht vor dem 01.01.2018 erfolgt.
- Privat krankenversicherte Betriebs- und Zusatzrentner bleiben beitragsfrei, da sie bereits für die private Kranken- und Pflegeversicherung Beiträge zahlen.

Privat krankenversicherte Rentner müssen weder Sozialabgaben auf die Betriebs- und Zusatzrente noch auf ihre gesetzliche Rente zahlen. Sie

---

[139] § 226 Abs. 2 SGB V, siehe https://www.gesetze-im-internet.de/sgb_5/__226.html

erhalten auf Antrag einen Zuschuss zu ihrer privaten Krankenversicherung in Höhe von 7,3 Prozent der gesetzlichen Rente.

Für **freiwillig gesetzlich Krankenversicherte** liegt der Kranken- und Pflegekassenbeitrag zur Betriebsrente ebenfalls bei 18,25 oder 18,5 Prozent. Wer als Rentner statt in der KVdR freiwillig in der gesetzlichen Krankenkasse versichert ist, erhält wie der privat krankenversicherte Rentner auf Antrag einen Zuschuss zur gesetzlichen Krankenkasse in Höhe von 7,3 Prozent der gesetzlichen Rente. Dadurch steht er sich zumindest bei der gesetzlichen Rente nicht schlechter als ein in der KVdR pflichtversicherter Rentner.

Jedoch lauern für rund 500.000 Rentner, die in der gesetzlichen Krankenkasse freiwillig versichert sind, an anderer Stelle viel größere Gefahren. Laut dem für die gesetzliche Krankenversicherung geltenden Fünften Sozialgesetzbuch werden bei freiwillig krankenversicherten Rentnern alle für den Lebensunterhalt zur Verfügung stehenden Einnahmen herangezogen.[140] Dazu zählen also außer der gesetzlichen Rente, der Betriebsrente und eventuellen Arbeitseinkommen auch private Renten wie die Riester-Rente oder Rürup-Rente sowie auch alle zusätzlichen Einkünfte aus Kapitalvermögen und Vermietung (also beispielsweise Zins- und Mieteinkünfte).

Bei freiwilligen Mitgliedern der gesetzlichen Krankenversicherung kommt es nach der geltenden Gesetzeslage auf die gesamte wirtschaftliche Leistungsfähigkeit an. Dabei können sogar die Einnahmen des Ehegatten oder Lebenspartners, sofern diese nicht gesetzlich krankenversichert sind (zum Beispiel Beamte oder Pensionäre), höchstens bis zur halben Beitragsbemessungsgrenze in der gesetzlichen Krankenversicherung und damit aktuell bis zu 2.175 Euro beitragspflichtig werden.[141]

Die Obergrenze und damit der Höchstbeitrag zur gesetzlichen Kranken- und Pflegeversicherung für freiwillige Mitglieder der gesetzlichen Krankenversicherung liegen zurzeit bei 804,75 Euro. Dies sind 18,5 Pro-

---

[140] § 240 SGB V, siehe https://www.gesetze-im-internet.de/sgb_5/__240.html
[141] § 240 Abs. 5 SGB V

zent der derzeitigen Beitragsbemessungsgrenze in der gesetzlichen Kranken- und Pflegeversicherung. von 4.350 Euro in 2017.

Alterseinkünfte von versicherungspflichtigen und freiwillig versicherten Mitgliedern der gesetzlichen Krankenversicherung werden in folgender **Reihenfolge zur Beitragsbemessung** herangezogen:

1. gesetzliche Rente
2. Versorgungsbezüge (Betriebsrenten, Zusatzrenten im öffentlichen Dienst, Renten aus der berufsständischen Versorgung, Ruhegehälter von Beamten)
3. Arbeitseinkommen (Löhne und Gehälter aus nichtselbstständiger Tätigkeit oder Gewinne aus unternehmerischer Tätigkeit)

= beitragspflichtige Einnahmen von versicherungspflichtigen Rentnern

+ 4. sonstige Einnahmen gem. gesamter wirtschaftlicher Leistungsfähigkeit

= beitragspflichtige Einnahmen von freiwillig versicherten Rentnern

Zu den sonstigen Einnahmen zählen alle Einnahmen, die die wirtschaftliche Leistungsfähigkeit des freiwilligen Mitglieds bestimmen.[142] Laut Rundschreiben des GKV-Verbandes sind dies alle Einnahmen und Geldmittel, die für den Lebensunterhalt verbraucht werden oder verbraucht werden können, ohne Rücksicht auf ihre steuerliche Behandlung.

Daher müssen freiwillig in der gesetzlichen Krankenkasse versicherte Rentner Beiträge auf folgende zusätzlichen Alterseinkünfte zahlen:

- sonstige Renten aus privater Altersvorsorge (Riester-Rente, Rürup-Rente oder
- Privatrente aus privater Rentenversicherung)
- Einkünfte aus Vermietung und Verpachtung (Überschuss der Mieteinnahmen über die Werbungskosten)
- Einkünfte aus Kapitalvermögen (zum Beispiel Zins- und Dividendeneinkünfte)

---

[142] § 238a i.V.m. § 240 Abs. 1 SGB V

- Einkommen des Ehegatten oder Lebenspartners bis zur Hälfte und höchstens bis zu 2.175 Euro, sofern diese nicht der gesetzlichen Krankenkasse angehören.

Wenn die Beitragsbemessungsgrenze in der gesetzlichen Krankenversicherung von zurzeit 4.350 Euro bei freiwillig versicherten Mitgliedern beispielsweise durch die Summe von gesetzlicher Rente, Betriebsrente sowie Miet- und Zinseinkünfte erreicht ist, werden auf zusätzliche Renten aus der privaten Altersvorsorge (zum Beispiel Riester-Rente) keine Kranken- und Pflegekassenbeiträge fällig.

Sofern die Riester-Rente, Rürup-Rente oder Privatrente aus der privaten Rentenversicherung zusammen mit anderen Alterseinkünften (zum Beispiel gesetzliche Rente, Betriebs- bzw. Zusatzrente und Mieteinkünfte) unter dieser Beitragsbemessungsgrenze von 4.350 Euro bleibt, muss der freiwillig gesetzlich krankenversicherte Rentner auch auf diese Renten bis zu 17,9 Prozent an Beiträgen zur gesetzlichen Kranken- und Pflegeversicherung zahlen.

Der wegen des Wegfalls von Krankengeld um 0,6 Prozentpunkte ermäßigte Beitragssatz gegenüber dem vollen Satz von 18,5 Prozent kann freiwillig gesetzlich krankenversicherte Rentner in diesem Fall wohl kaum trösten.

Es lohnt sich also, die freiwillige Mitgliedschaft in der gesetzlichen Krankenversicherung zu vermeiden. Voraussetzung dafür ist, dass in der zweiten Hälfte des Berufslebens mindestens 90 Prozent der Zeit auf die Mitgliedschaft in der gesetzlichen Krankenversicherung entfallen (sog. **Vorversicherungszeit**). Darauf, ob man pflichtversichert, freiwillig versichert oder familienversichert war, kommt es nicht an. Im Umkehrschluss heißt dies: Wer in mehr als 10 Prozent der Vorversicherungszeit privat krankenversichert oder wegen eines längeren Auslandsaufenthalts gar nicht krankenversichert war, wird als Rentner freiwillig in der gesetzlichen Krankenversicherung versichert.

Seit dem 01.08.2017 gibt es aber wieder Hoffnung für Rentner, die in der gesetzlichen Krankenkasse freiwillig versichert sind. Sofern sie Kinder haben, können sie auch noch nachträglich in die Pflichtversicherung der

Rentner (KVdR) wechseln, wenn sie die 9/10-Regelung unter Einbeziehung der Mitgliedszeiten für ihre Kinder doch noch erreichen. Diese Neuregelung über Mitgliedszeiten in der gesetzlichen Krankenversicherung ist die Folge des am 4.4.2017 geänderten Heil- und Hilfsmittelversorgungsgesetzes.

Rentenberater Markus Vogts[143] aus Karlsruhe hat bereits Ende Mai 2017 in Pressemitteilungen auf die neue Wechselmöglichkeit für Rentner mit Kindern hingewiesen. Ende Juni 2017 hieß es in der FAZ „Als Privatpatient zurück in die Gesetzliche Krankenversicherung".

Ab 01.08.2017 werden nämlich drei Jahre für jedes Kind, Stiefkind oder Adoptivkind auf die Mitgliedszeit angerechnet, also wie jede andere Mitgliedszeit berücksichtigt.[144] Wann Kinder geboren oder adoptiert wurden, spielt keine Rolle. Wurden die geforderten 90 Prozent also bisher knapp verfehlt, können sie unter Einbeziehung von drei Jahren für jedes Kind doch noch erreicht werden.

Die Neuregelung kann von beiden leiblichen Elternteilen sowie den Adoptiveltern genutzt werden. Unter Umständen könnten es dann sogar vier Elternteile sein. Da es eine Pauschalregelung, schließt laut GKV-Spitzenverband weder das Gesetz noch die Gesetzesbegründung eine derartige Mehrfach-Berücksichtigung aus. Ob die Betroffenen tatsächlich selbst Erziehungsleistungen erbracht haben, spielt keine Rolle.

Die Prüfung, ob die 9/10-Regelung unter Berücksichtigung der zusätzlichen drei Jahre je Kind erfüllt ist, erfolgt nicht automatisch durch die gesetzliche Krankenkasse. Die Betroffenen müssen also selbst neu rechnen und dann bei Erreichen der geforderten 90 Prozent einen Antrag auf Wechsel in die Krankenversicherung der Rentner (KVdR) stellen.

Dies gilt eigentlich aber nur für Altfälle bzw. Schon-Rentner. Das Bundesgesundheitsministerium gibt dazu folgenden Rat: „Zur Klärung ihrer individuellen Zugangsmöglichkeiten nach der Neuregelung sollten sich freiwillig versicherte Rentner mit ihrer Krankenkasse in Verbindung

---

[143] www.vogts-rentenberater.de

[144] § 5 Abs. 2 SGB V

setzen und prüfen lassen, ob zum 1.8.2017 ein Wechsel in die KVdR möglich wird".

Bei neuen Rentenanträgen wird dies akribisch von der Deutschen Rentenversicherung bei der Meldung zur KVdR direkt abgefragt und berücksichtigt.

Dazu ein einfaches Beispiel: Herr N., der zurzeit freiwillig in der gesetzlichen Krankenkasse versichert ist, stellt seinen Rentenantrag in 2017 nach 40 Berufsjahren. Während der letzten 20 Jahre war er 7 Jahre lang privat krankenversichert. Da er somit in der zweiten Hälfte seines Berufslebens nur auf 13 Jahre in der gesetzlichen Krankenkasse versichert war, erreicht er die nach der 9/10-Regelung geforderten 18 Jahre nicht.

Da N. aber Vater von zwei Kindern ist, werden zusätzliche 6 Jahre mit berücksichtigt. Somit entfallen 19 Jahre (= bisher 13 Jahre plus 6 Jahre) auf die Vorversicherungszeit. Er erfüllt nun die 9/10-Regelung, die Voraussetzung für die Aufnahme in die Pflichtversicherung der Rentner (KVdR) ist. Auf diese Weise spart er die Kranken- und Pflegekassenbeiträge auf seine evtl. privaten Renten (Riester-Rente, Rürup-Rente oder Rente aus privater Rentenversicherung), seine evtl. Zins-, Dividenden- und Mieteinkünfte sowie auf das Einkommen seiner möglicherweise privat krankenversicherten Ehefrau.

Auch einige bisher privat krankenversicherte Rentner - also ohne die privat krankenversicherten Beamtenpensionäre mit Anspruch auf eine staatliche Beihilfe von 70 Prozent der Krankheitskosten - könnten noch nachträglich in die KVdR wechseln, wenn sie zusammen mit den zusätzlichen Mitgliedszeiten für ihre Kinder die 9/10-Regelung für die Vorversicherungszeit in der zweiten Hälfte ihres Erwerbslebens erfüllen.

Für privat krankenversicherte Rentner, die als mitversicherte Ehegatten von Beamten ebenfalls eine staatliche Beihilfe in Höhe von 70 Prozent erhalten, ist dies jedoch keine vernünftige Option, da sie nur die restlichen 30 Prozent über die private Krankenkasse absichern müssen.

Bei privat krankenversicherten Rentnern, die keine Beihilfe erhalten und daher den Beitrag zur privaten Krankenkasse vollständig aus eigenen Mitteln aufbringen, kann dies ganz anders sein. Zu diesen privat krankenversicherten Rentnern zählen vor allem frühere Angestellte mit ehemals hohen Gehältern, die nach Überschreiten der Versicherungspflichtgrenze bei der gesetzlichen Krankenversicherung in die private Krankenkasse gewechselt sind. Auch sie könnten zurück in die KVdR, sofern sie unter Einrechnung der zusätzlichen Versicherungszeiten von 3 Jahren pro Kind nunmehr die 9/10-Regelung erfüllen.

Freiberufler mit berufsständischer Versorgung wie Ärzte und Rechtsanwälte sind in aller Regel über eine sehr lange Zeit privat krankenversichert. Sie erhalten möglicherweise wegen einer früheren Tätigkeit als sozialversicherungspflichtiger Arbeitnehmer auch eine gesetzliche Rente oder könnten über freiwillige Beiträge zur gesetzlichen Rentenversicherung mit einer Mindestbeitragsdauer von 5 Jahren einen Anspruch auf eine gesetzliche Rente erhalten. Sofern sie ausnahmsweise in der zweiten Hälfte ihres Berufslebens unter Einrechnung von drei Jahren pro Kind mindestens zu 90 Prozent in der gesetzlichen Krankenkasse versichert wären, könnten auch sie über die KVdR pflichtversichert werden in der gesetzlichen Krankenkasse.

Allerdings ist auf die Freiberufler-Rente aus berufsständischer Versorgung bereits der volle Kranken- und Pflegekassenbeitrag zu zahlen, sofern die ehemaligen Freiberufler in der gesetzlichen Krankenkasse versichert sind. Versorgungsbezüge aus „Renten der Versicherungs- und Versorgungseinrichtungen, die für Angehörige bestimmter Berufe errichtet sind" sind wie Betriebsrenten beitragspflichtige Einnahmen, für die ein Beitrag bis zu 18,5 Prozent der Bruttorente an die gesetzliche Kranken- und Pflegeversicherung fällig ist.

Beitragspflicht auf Betriebs- und Zusatzrenten

Betriebs- und Zusatzrentner müssen auf ihre Versorgungsbezüge den vollen Beitragssatz zur gesetzlichen Krankenversicherung abführen und darüber hinaus den vollen Beitrag zur gesetzlichen Pflegeversicherung zahlen.[145] Davon sind ab 01.01.2018 nur betriebliche Riester-Renten befreit, sofern diese erst ab 2018 zu laufen beginnen.

---

[145] a.a.O.: § 229 Abs. 1 Nr. 5 SGB V

Nur Betriebs- und Zusatzrenten in Höhe von monatlich derzeit 148,75 Euro (1/20 der monatlichen Bezugsgröße von 2.975 Euro in 2017) sind von Sozialabgaben befreit.[146] Liegt die Betriebs- oder Zusatzrente aber nur einen Cent über dieser Grenze, ist der Kranken- und Pflegekassenbeitrag auf die gesamte Betriebsrente fällig.

Klagen gegen die volle Beitragspflicht für ab 2004 ausgezahlte Betriebsrenten versprechen keinen Erfolg. Das Bundesverfassungsgericht[147] hat bereits am 28.02.2008 sechs Klagen von Betriebsrentnern mangels Erfolgsaussichten abgewiesen mit der Begründung, dass der volle Beitragssatz gerechtfertigt sei und den Betriebsrentnern zugemutet werden könne. Insofern macht es keinen Sinn, sich gegen das höchstrichterliche Urteil zu wehren. Auch die volle Beitragsbelastung auf Kapitalauszahlungen aus einer Direktversicherung ist nach dem Urteil des Bundesverfassungsgerichts[148] vom 16.05.2008 rechtens und verstößt nicht gegen das Grundgesetz.

Bei so genannten gemischten Direktversicherungen gibt es jedoch nach dem Urteil des Bundesverfassungsgerichts[149] vom 28.9.2010 eine Ausnahme. Dies sind Kapital-Lebensversicherungen oder private Rentenversicherungen, die nur eine Zeit lang als betriebliche Altersversorgung geführt wurden (zum Beispiel in Form der Entgeltumwandlung) und nach Ausscheiden aus dem Betrieb privat als normale private Rentenversicherungen weitergeführt werden.

Sofern bei der privat weitergeführten Direktversicherung der ehemalige Arbeitnehmer als Versicherungsnehmer eingetragen wird und nicht mehr der alte Arbeitgeber, ist die auf diesen Teil entfallende Renten- oder Kapitalzahlung später nicht beitragspflichtig. Die Krankenkassen müssen in diesem Fall die Rente oder die Kapitalauszahlung in einen beitragspflichtigen Teil für den ersten Zeitraum (betriebliche Altersvorsorge mit dem Arbeitgeber als Versicherungsnehmer) und einen beitragsfreien Teil

---

[146] a.a.O.:§ 226 Abs. 2 SGB V

[147] Az. 1 BvR 2137/06

[148] Az. 1 BvR 1924/07

[149] Az. 1 BvR 1660/08

für den zweiten Zeitraum (private Altersvorsorge mit dem Arbeitnehmer als Versicherungsnehmer) aufteilen.

Auch auf Kapitalauszahlungen aus betrieblichen Direktversicherungen wird der Beitragssatz von aktuell 18,25 oder 18,5 Prozent erhoben. Dabei werden die Kapitalauszahlungen rechnerisch auf 120 Monate, also auf 10 Jahre à 12 Monate, verteilt und dann von der fiktiven monatlichen Betriebsrente Beiträge zur Kranken- und Pflegekasse berechnet.

Dazu ein Beispiel: Die Direktversicherung überweist statt der laufenden Betriebsrente eine einmalige Ablaufleistung in Höhe von 60.000 Euro. Verteilt auf 10 Jahre, sind dies 6.000 Euro pro Jahr oder 500 Euro pro Monat. Der monatliche Beitrag zur gesetzlichen Kranken- und Pflegeversicherung macht dann anfangs 92,50 Euro aus bei einem Beitragssatz von 18,5 Prozent aus. Da die Beitragssätze in der gesetzlichen Kranken- und Pflegeversicherung künftig wahrscheinlich steigen werden, erhöht sich die monatliche Beitragsbelastung in den Folgejahren.

Die auf Pflichtbeiträgen beruhende Zusatzrente aus der **Zusatzversorgung des öffentlichen Dienstes** ist ebenfalls voll beitragspflichtig, sofern der Zusatzrentner gesetzlich krankenversichert ist. Dies stellt die Formulierung „Renten der betrieblichen Altersversorgung einschließlich der Zusatzversorgung" klar.[150]

Logisch ist dies zumindest für die umlagefinanzierte VBL-Zusatzrente im Tarifgebiet West nicht, denn in der aktiven Phase werden sowohl der Arbeitnehmer- als auch der Arbeitnehmeranteil in Höhe von insgesamt rund 8 Prozent des Bruttogehalts beim Pflichtversicherten verbeitragt. Wenn in der Ruhestandsphase dann auch auf die VBL-Zusatzrente der volle Beitrag zur gesetzlichen Kranken- und Pflegeversicherung zu zahlen ist, liegt ein klassischer Fall von Doppelverbeitragung vor.

Wenn der pflichtversicherte Angestellte aus dem öffentlichen Dienst ausscheidet, wird die Zusatzversorgung beitragsfrei gestellt und ruht bis zum Renteneintritt. Sie lebt nur dann wieder auf, wenn er später erneut in den öffentlichen Dienst eintritt.

---

[150] a.a.O.: § 229 Abs. 1 Nr. 5 SGB V

Sozialabgaben auch auf Arbeitseinkommen von Selbstständigen

Auch auf Arbeitseinkommen müssen gesetzlich krankenversicherte Rentner Sozialabgaben leisten. Der volle Beitragssatz für die gesetzliche Krankenversicherung sinkt lediglich von 15,5 auf derzeit 14,9 Prozent bei Arbeitseinkommen aus selbstständiger Tätigkeit. Hinzu kommt der übliche volle Beitragssatz zur gesetzlichen Pflegeversicherung von 2,55 oder 2,8 Prozent. Insgesamt wird also derzeit ein Gesamtbeitrag bis zu 17,9 Prozent der Brutto-Arbeitseinkommen aus selbstständiger Tätigkeit fällig und muss an die gesetzliche Krankenkasse abgeführt werden.

Liegt der monatliche Gewinn bzw. Überschuss bei höchstens 148,75 Euro im Monat, entfällt der Beitrag. Allerdings gilt diese Kleinbetragsgrenze für die Summe aus Betriebsrente und Arbeitseinkommen. Ehemalige Angestellte im öffentlichen Dienst werden diese 148,75 Euro üblicherweise aber bereits mit ihrer Zusatzrente aus dem öffentlichen Dienst überschreiten, so dass in diesem Fall immer der volle Beitrag an die Krankenkasse zu zahlen ist.

Übernimmt der Rentner einen Minijob bis zu einem Verdienst von monatlich 450 Euro und beantragt die Versicherungsfreiheit, bleibt dieser Minijob-Lohn sozialabgabenfrei und im Übrigen auch steuerfrei. Der Rentner mit Minijob erhält maximal 450 Euro demnach brutto für netto ausgezahlt und muss dies nicht in seiner Einkommensteuererklärung angeben.

7.2. NACHGELAGERTE BESTEUERUNG

Betriebs- und Zusatzrenten werden grundsätzlich nachgelagert besteuert. Bei Zusatzrenten aus dem öffentlichen Dienst gilt dies jedoch nur, wenn es sich um kapitalgedeckte Renten handelt.

Steuern auf kapitalgedeckte Betriebs- und Zusatzrenten

Die **kapitalgedeckte Zusatzrente** im öffentlichen Dienst wird nachgelagert und damit voll besteuert, da die anteiligen Beiträge des Arbeitnehmers nach dem Urteil des Bundesfinanzhofes[151] vom 09.12.2010 ebenso steuerfrei sind wie die Arbeitgeber-Beiträge bis zur Höhe von 4 Prozent der Beitragsbemessungsgrenze in der gesetzlichen Rentenversicherung. Laut BFH umfasst der Begriff „Beiträge des Arbeitgebers" im weitesten Sinne alle Beiträge, die vom Arbeitgeber als Versicherungsnehmer selbst geschuldet und an die Zusatzversorgungskasse gezahlt werden.

Für **Betriebsrenten aus Entgeltumwandlung** gilt das Gleiche. Da der Arbeitgeber als Versicherungsnehmer die vom Gehalt des Arbeitnehmers einbehaltenen Beträge bis zu maximal 254 Euro monatlich im Jahr 2017 an die Versorgungseinrichtung überweist, muss der Arbeitnehmer diese Betriebsrente später im Ruhestand voll versteuern. Schließlich hat er den Beitrag in der Aktivphase auch steuerlich in vollem Umfang abziehen können. Dies gilt auch für die betriebliche Riester-Rente, bei der die Summe aus Zulage und eventueller zusätzlicher Steuerersparnis mit einem vollen steuerlichen Abzug gleichzusetzen ist.

Steuern auf die umlagefinanzierte Zusatzrente

Bis Ende 2007 wurden die umlagefinanzierten Zusatzrenten im Tarifgebiet West (zum Beispiel VBL-Zusatzrente West) steuerlich wie Privatrenten behandelt und nur mit ihrem Ertragsanteil besteuert, da die dafür in der Aktivphase aufgebrachten Umlagen nicht steuerlich abzugsfähig waren.

---

[151] Az. VI R 57/08

Auf Privatrenten aus privaten Rentenversicherungen fallen nur geringe Steuern an, da die vorher entrichteten Beiträge ab 2005 nicht mehr steuerlich abzugsfähig sind. Besteuert wird daher nur ein **Ertragsanteil** der Privatrente, der den pauschal geschätzten Zinsanteil der Privatrente erfasst. Der in der Privatrente enthaltene Kapitalanteil bleibt steuerfrei.

Wer mit 65 oder 66 Jahren zum ersten Mal eine Privatrente bezieht, muss nur 18 Prozent davon versteuern. Beispiel: monatliche Privatrente 400 Euro, steuerpflichtig 72 Euro, anteilige Steuer nur 18 Euro monatlich bei einem persönlichen Steuersatz von beispielsweise 25 Prozent.

Tabelle 15: Steuerpflichtige Ertragsanteile bei Privatrenten

vollendetes Lebensjahr bei Rentenbeginn	Ertragsanteil in Prozent der Rente bei lebenslangen Privatrenten	vollendetes Lebensjahr bei Rentenbeginn	Ertragsanteil in Prozent der Rente bei lebenslangen Privatrenten
50.	30 %	65.-66.	18 %
51.-52.	29 %	67.	17 %
53.	28 %	68.	16 %
54.	27 %	69.-70.	15 %
55.-56.	26 %	71.	14 %
57.	25 %	72.-73.	13 %
58.	24 %	74.	12 %
59.	23 %	75.	11 %
60.-61.	22 %	76.-77.	10 %
62.	21 %	78.-79.	9 %
63.	20 %	80.	8 %
64.	19 %	81.-82.	7 %

Je später der Rentenbeginn liegt, desto geringer fällt wegen der statistisch geringeren Lebensdauer auch der Ertragsanteil aus. Bei 67-Jährigen sind es beispielsweise 17 Prozent und bei 70-Jährigen nur 15 Prozent. Umgekehrt steigt der Ertragsanteil, je jünger der Rentenbezieher ist. 60-jährige Privatrentner müssen beispielsweise 22 Prozent ihrer Privatrente versteuern und 55-Jährige 26 Prozent (siehe Tabelle 15).

Seit dem Jahr 2008 wird jedoch auch für die umlagefinanzierte Zusatzversorgung (zum Beispiel die VBL-Zusatzrente West) die nachgelagerte Besteuerung stufenweise eingeführt. Im Gegenzug werden die Umlagen in der aktiven Phase stufenweise von der Steuer freigestellt, zum Beispiel mit 1 Prozent der Beitragsbemessungsgrenze von 2008 bis 2013 und 2 Prozent der Beitragsbemessungsgrenze in der gesetzlichen Rentenversicherung von 2014 bis 2019. Im Jahr 2017 bleiben daher monatlich 127 Euro (= 2 Prozent von 6.350 Euro) steuerfrei.

Von 2020 bis 2024 steigt der steuerfreie Anteil der Umlage auf 3 Prozent und ab 2025 auf den Höchstsatz von 4 Prozent der Beitragsbemessungsgrenze. Soweit die umlagefinanzierte Zusatzrente auf diesen steuerfreien Beträgen beruht, ist sie nicht mit dem günstigen Ertragsanteil, sondern in voller Höhe steuerpflichtig.

Man muss also zwischen der Zusatzrente aus steuerlich geförderten Beträgen einerseits und aus steuerlich nicht geförderten Beträgen unterscheiden. Die jeweiligen Zusatzversorgungskassen übersenden den Zusatzrentnern eine entsprechende Steuerbescheinigung, aus der diese Aufteilung hervorgeht.

Entsprechend muss der Zusatzrentner in seiner Anlage R zur Einkommensteuererklärung die entsprechenden Beträge unter Ziffer 31 für die nachgelagerte Besteuerung (gilt für den Teil, der steuerlich gefördert wurde[152]) und unter Ziffer 36 für die Ertragsanteilbesteuerung (gilt für den Teil, der nicht steuerlich gefördert wurde[153]) eintragen.

Jüngere Jahrgänge, die viele Jahre oder sogar Jahrzehnte von der stufenweisen Steuerfreistellung der Umlagen ab 2008 profitieren, wachsen daher immer mehr in die nachgelagerte und damit volle Besteuerung der umlagefinanzierten VBL-Zusatzrente West hinein.

---

[152] § 22 Nr. 5 Satz 1 EStG, siehe https://www.gesetze-im-internet.de/estg/__22.html

[153] § 22 Nr. 1 Satz 3 Buchst. a Doppelbuchst. bb EStG

Wer jedoch in den nächsten Jahren eine **umlagefinanzierte Zusatz-rente von der VBL** bezieht, wird im Endeffekt keine oder nur ganz geringe Steuern darauf zahlen müssen. Grund: Der steuerpflichtige Ertragsanteil von beispielsweise 18 Prozent der Zusatzrente für 65-Jährige kann sich nur geringfügig um die teilweise steuerfrei gestellten Umlagen ab dem Jahr 2008 erhöhen. Eigene Berechnungen muss er jedoch nicht anstellen, da er von seiner Zusatzversorgungskasse (zum Beispiel der VBL) die entsprechende Steuerbescheinigung zur Vorlage bei seinem Finanzamt erhält.

Da der Bezieher einer umlagefinanzierten VBL-Zusatzrente West vom steuerpflichtigen Ertragsanteil plus eventuell steuerfrei gestellten Umlagen noch den Beitrag zur gesetzlichen Kranken- und Pflegeversicherung von bis zu 18,5 Prozent der Zusatzrente für Steuerzwecke abziehen kann, scheidet eine Versteuerung nahezu aus. Es kommt steuerlich quasi zum Nullsummenspiel.

Die **steuerrechtliche Behandlung der Umlage** in der Ansparphase ist recht kompliziert. Grundsätzlich ist außer der Arbeitnehmer-Umlage von derzeit 1,71 Prozent auch die Arbeitgeber-Umlage von 6,45 Prozent des zusatzversorgungspflichtigen Entgelts beim Arbeitnehmer individuell zu versteuern, weil diese Umlage ebenfalls zum Arbeitsentgelt zählt. Der vom Arbeitgeber bereits pauschal zu versteuernde Betrag von 92,03 Euro ist aber abzuziehen. Darüber hinaus ist ab 2008 die stufenweise Steuerfreistellung der Umlage in Höhe von 1 bis 4 Prozent der Beitragsbemessungsgrenze in der gesetzlichen Rentenversicherung zu berücksichtigen.

Wer beispielsweise als VBL-Pflichtversicherter im Tarifgebiet West In 2017 ein zusatzversorgungspflichtiges Entgelt von monatlich 5.000 Euro bezieht, kommt auf ein steuerpflichtiges Entgelt von 5.103,47 Euro. Die Berechnung hierzu lautet: Arbeitgeber-Umlage 322,50 Euro (= 6,45 Prozent des zusatzversorgungspflichtigen Entgelts) minus pauschal vom Arbeitgeber zu versteuernder Betrag von 92,03 Euro minus steuerfrei gestellter Betrag von 127 Euro (= 2 Prozent der Beitragsbemessungsgrenze in der gesetzlichen Rentenversicherung von 6.350 Euro in 2017) gleich 103,47 Euro zusätzlich zu versteuernder Betrag.

Die Summe aus zusatzversorgungspflichtigem Entgelt von 5.000 Euro und zusätzlich zu versteuerndem Betrag von 103,47 Euro ergibt dann das steuerpflichtige Entgelt von 5.103,47 Euro. Läge das Bruttogehalt bei 6.350 Euro, würde sich das steuerpflichtige Entgelt auf 6.540,55 Euro erhöhen.

Die Klage eines Arbeitnehmers vor dem Bundesfinanzhof (BFH) gegen die grundsätzliche Versteuerung der Arbeitgeber-Umlage wurde mit der Begründung abgewiesen, dass die Arbeitgeber-Umlage **steuerlich wie Arbeitsentgelt** zu behandeln ist (siehe das BFH - Urteil[154] vom 07.05.2009).

In der umlagefinanzierten Zusatzversorgung werden die Angestellten des öffentlichen Dienstes grundsätzlich mit zusätzlichen Abgaben und Steuern belastet, da ihr steuer- und sozialversicherungspflichtiges Entgelt regelmäßig über dem Bruttogehalt (sog. zusatzversorgungspflichtiges Entgelt) liegt. Die VBL West entwickelt sich somit wie andere Zusatzversorgungskassen mit Umlagefinanzierung faktisch zur "Zusatzbelastungskasse" für Angestellte im öffentlichen Dienst.

Steuern auf die gesetzliche Rente

Da die Betriebs- und Zusatzrente regelmäßig zur gesetzlichen Rente hinzukommt, soll an dieser Stelle auch ein kurzer Blick auf die Besteuerung der gesetzlichen Rente erfolgen.

Die gesetzliche Rente wird ebenfalls im Grundsatz nachgelagert besteuert. Allerdings gibt es eine Stufenregelung für den steuerpflichtigen Anteil der gesetzlichen Rente (Besteuerungsanteil genannt) und die steuerlich abzugsfähigen Beiträge zur gesetzlichen Rente. Erst ab Rentenbeginn in 2040 wird die gesetzliche Rente voll besteuert. Beginnt die gesetzliche Rente beispielsweise in 2018, liegt der Besteuerungsanteil nur bei 76 Prozent der Bruttorente.

---

[154] Az. VI R 8/07

Tabelle 16: Besteuerungsanteil der gesetzlichen Rente

Jahr des Rentenbeginns	Besteuerungs- anteil der Rente	Jahr des Rentenbeginns	Besteuerungs- anteil der Rente
bis 2005	50 %	2023	83 %
2006	52 %	2024	84 %
2007	54 %	2025	85 %
2008	56 %	2026	86 %
2009	58 %	2027	87 %
2010	60 %	2028	88 %
2011	62 %	2029	89 %
2012	64 %	2030	90 %
2013	66 %	2031	91 %
2014	68 %	2032	92 %
2015	70 %	2033	93 %
2016	72 %	2034	94 %
2017	74 %	2035	95 %
2018	76 %	2036	96 %
2019	78 %	2037	97 %
2020	80 %	2038	98 %
2021	81 %	2039	99 %
2022	82 %	ab 2040	100 %

Rentenbeiträge sind erst ab 2025 steuerlich voll abzugsfähig, wie die Tabelle 17 zeigt. Ein in 2018 gezahlter Beitrag zur gesetzlichen Rente kann beispielsweise zu 86 Prozent abgezogen werden. Beim Arbeitnehmeranteil zur gesetzlichen Rente sind es nur 72 Prozent.

Tabelle 17: Steuerlich abzugsfähiger Gesamtbeitragsanteil und Arbeitnehmeranteil und zur gesetzlichen Rentenversicherung

Jahr	steuerlich abzugsfähiger Gesamtbeitragsanteil *	steuerlich abzugsfähiger Arbeitnehmeranteil **
2005	60%	20 %
2006	62%	24 %
2007	64%	28 %
2008	66%	32 %
2009	68%	36 %
2010	70%	40 %
2011	72%	44 %
2012	74%	48 %
2013	76%	52 %
2014	78%	56 %
2015	80%	60 %
2016	82%	64 %
2017	84%	68 %
2018	86%	72 %
2019	88%	76 %
2020	90%	80 %
2021	92%	84 %
2022	94%	88 %
2023	96%	92 %
2024	98%	96 %
ab 2025	100%	100 %

*) Gesamtbeitrag (z.B. 18,7 % in 2017)

**) Arbeitnehmeranteil zur gesetzlichen Rentenversicherung (z.B. 9,35 % in 2017)

Steuerfreier Altersentlastungsbetrag

Der steuerfreie **Altersentlastungsbetrag** steht mindestens 65-jährigen Rentnern und Pensionären nur bei Alterseinkünften zu, die nicht zu den gesetzlichen Renten und Rürup-Renten sowie Beamten- und Betriebspensionen zählen. Daher kommen für den Abzug des Altersentlastungsbetrages nur folgende zusätzliche Alterseinkünfte in Frage:

- voll besteuerte Betriebsrenten und Riester-Renten, deren Beiträge in der Ansparphase steuerbegünstigt waren bzw. durch Zulagen gefördert wurden

- nicht abgeltungssteuerpflichtige Kapitalerträge wie Zins- und Dividendeneinkünfte, die als Einkünfte aus Kapitalvermögen besteuert werden (siehe BFH-Urteil [155] vom 25.04.2017)
- Mieteinkünfte (positive Einkünfte oder Gewinne aus Vermietung und Verpachtung)
- Arbeitseinkommen als Löhne oder Gewinne (Einkünfte aus selbstständiger oder nicht selbstständiger Tätigkeit).

Wer beispielsweise im Jahr 2017 mit 65 Jahren in den Ruhestand geht und zusätzliche Alterseinkünfte außer gesetzlichen Renten und Pensionen erzielt, kann einen Altersentlastungsbetrag von 20,8 Prozent der Bruttoeinnahmen, maximal aber 988 Euro jährlich abziehen. Das Finanzamt berücksichtigt den Altersentlastungsbetrag automatisch, sofern die Voraussetzungen dafür vorliegen.

Bei allen Rentnern und Pensionären, die erst nach 2017 das 65. Lebensjahr vollenden, sinkt der Altersentlastungsbetrag schrittweise bis auf beispielsweise 760 Euro in 2020 oder nur noch 380 Euro in 2030 (siehe Tabelle). Für alle Geburtsjahrgänge ab 1975 entfällt der Altersentlastungsbetrag völlig, da diese jüngeren Jahrgänge erst ab 2040 ihren 65. Geburtstag feiern.

Bei Verheirateten, die beide mindestens 65 Jahre alt und Rentner oder Pensionäre sind, kann jeder Ehegatte den steuerlichen Altersentlastungsbetrag für sich beanspruchen, sofern er eigene sonstige Alterseinkünfte hat. Insofern macht es aus steuerlicher Sicht Sinn, hohe zusätzliche Alterseinkünfte des einen Ehegatten teilweise auf den anderen Ehegatten zu verlagern.

Der steuerfreie Altersentlastungsbetrag bleibt hinsichtlich des Prozentsatzes und des Höchstbetrages auf Dauer unverändert. Nur der tatsächlich abzugsfähige Betrag kann sich in Abhängigkeit von der Höhe der zusätzlichen Alterseinkünfte ändern.

---

[155] Az. III B 1/56

Tabelle 18: Steuerfreier Altersentlastungsbetrag für zusätzliche Alterseinkünfte

65 Jahre oder älter im Kalender-jahr	Altersentlastungsbetrag		65 Jahre oder älter im Kalender-jahr	Altersentlastungsbetrag	
	in %	max. in Euro		in %	max. in Euro
2005	40 %	1.900	2023	13,6 %	646 Euro
2006	38,4 %	1.824	2024	12,8 %	608 Euro
2007	36,8 %	1.748	2025	12,0 %	570 Euro
2008	35,2 %	1.672	2026	11,2 %	532 Euro
2009	33,6 %	1.596	2027	10,4 %	494 Euro
2010	32 %	1.520	2028	9,6 %	456 Euro
2011	30,4 %	1.444	2029	8,8 %	418 Euro
2012	28,8 %	1.368	2030	8,0 %	380 Euro
2013	27,2 %	1.292	2031	7,2 %	342 Euro
2014	25,6 %	1.216	2032	6,4 %	304 Euro
2015	24 %	1.140	2033	5,6 %	266 Euro
2016	22,4 %	1.064	2034	4,8 %	228 Euro
2017	20,8 %	988 Euro	2035	4,0 %	190 Euro
2018	19,2 %	912 Euro	2036	3,2 %	152 Euro
2019	17,6 %	836 Euro	2037	2,4 %	114 Euro
2020	16 %	760 Euro	2038	1,6 %	76 Euro
2021	15,2 %	722 Euro	2039	0,8 %	38 Euro
2022	14,4 %	684 Euro	2040	0,0 %	0 Euro

Um beispielsweise den Höchstbetrag von 988 Euro in 2017 zu erhalten, müssen immerhin zusätzliche Einnahmen von 4.750 Euro vorliegen, denn 20,8 Prozent davon ergeben laut Tabelle 18 genau diese 988 Euro. Liegt die jährliche Betriebsrente brutto im Jahr zum Beispiel nur bei 3.600 Euro, sinkt der steuerlicher Altersentlastungsbetrag auf 749 Euro (= 20,8 Prozent von 3.600 Euro).

8. BÜCHER

1. Zur betrieblichen Altersversorgung (bAV)

Schwarz, Praxisleitfaden betriebliche Altersvorsorge, 128 Seiten, 2. Aufl. 2016, Springer Gabler Verlag

Drossel, Das neue Betriebsrentenrecht, 120 Seiten, 1. Aufl. 2017, Nomos Verlag

Uckermann, Betriebliche Altersversorgung und Zeitwertkonten, 451 Seiten, 1. Aufl. 2014, Haufe Verlag

2. Zur Zusatzversorgung im öffentlichen Dienst (ZÖD)

Langenbrinck/Mühlstädt, Betriebsrente der Beschäftigten des öffentlichen Dienstes, Einführung in die neue Zusatzversorgung, 343 Seiten, 3. Aufl. 2007, Rehm Verlag

Beckmann/Hebler, Die Zusatzversorgung für Arbeitnehmer des öffentlichen Dienstes, 194 Seiten, 6. Aufl. 2008, Boorberg Verlag

Dietsch/Hußlein/Stirner Die Zusatzversorgung des öffentlichen Dienstes, Handbuch für Personalsachbearbeiter, 336 Seiten, 3. Aufl. 2014, Rehm Verlag

Hügelschäffer, Hagen, Die Zusatzversorgung des öffentlichen und kirchlichen Dienstes, 184 Seiten., 1. Aufl. 2011, Verlag C.F. Müller

Fischer/Siepe, Zusatzversorgung im öffentlichen Dienst, 224 Seiten, 1. Aufl. 2011, dbb verlag

Fischer/Siepe, 80 Jahre Zusatzversorgung der VBL - Dokumentation, Zahlen, Daten, Fakten von 1970 bis 2050, 97 Seiten, 1. Auflage 2014, Sierke Verlag (Kartoniert und als E-Book)

9. INTERNETPORTALE

1. Zur betrieblichen Altersversorgung (bAV)

www.aba-online.de (Homepage der Arbeitsgemeinschaft für betriebliche Altersversorgung)

www.lbav.de (Homepage von Leiter bAV, Forum für betriebliche Altersversorgung)

2. Zur Zusatzversorgung im öffentlichen Dienst (ZÖD)

www.vbl.de (Homepage der VBL = Versorgungsanstalt des Bundes und der Länder)

www.aka.de (Homepage der AKA = Arbeitsgemeinschaft kommunale und kirchliche Altersversorgung)

www.startgutschriften-arge.de (Homepage zur kritischen Begleitung der Zusatzversorgung des öffentlichen Dienstes)

https://de.wikipedia.org/wiki/Zusatzversorgung_des_öffentlichen_Dienstes